HARVARD BUSINESS ESSENTIALS

ESTRATÉGIA

HARVARD BUSINESS ESSENTIALS

Outros títulos da série:

Contratando e mantendo as melhores pessoas
Ferramentas para empreendedores
Finanças para gerentes
Gerenciando a crise
Gerenciando mudança e transição
Negociação
Tomando decisões

HARVARD BUSINESS ESSENTIALS

ESTRATÉGIA

RICHARD LUECKE

Tradução
RYTA VINAGRE

Revisão técnica
ALEXANDRE PAVAN TORRES
Doutorando em Engenharia de Produção pela UFSC

4ª EDIÇÃO

EDITORA RECORD
RIO DE JANEIRO • SÃO PAULO
2009

CIP-Brasil. Catalogação-na-fonte
Sindicato Nacional dos Editores de Livros, RJ.

Luecke, Richard
L964e Estratégia / Richard Luecke; consultoria de David J. Collis; tradução
4ª ed. Ryta Magalhães Vinagre. – 4ª ed. – Rio de Janeiro: Record, 2009.
(Harvard Business Essentials)

Tradução de: Strategy: create and implement the best strategy for your business
Apêndices
Inclui bibliografia
ISBN 978-85-01-07636-6

1. Estratégia. 2. Planejamento estratégico. 3. Planejamento empresarial. I. Título. II. Série.

07-1469 CDD – 658.4012
CDU – 65.012.2

Published by arrangement with Harvard School Press

Título original norte-americano:
STRATEGY

Capa: Sérgio Campante

Impresso no Brasil

ISBN 978-85-01-07636-6

PEDIDOS PELO REEMBOLSO POSTAL
Caixa Postal 23.052
Rio de Janeiro, RJ – 20922-970

Sumário

Introdução

Este livro trata da criação e da implementação da estratégia. Uma boa estratégia, combinada com uma implementação bem-sucedida, é a melhor garantia de sucesso para toda empresa. Como uma publicação da série Harvard Business Essentials, este livro não abrange todo o assunto em profundidade e certamente não o tornará um especialista em estratégia. Mas ele aborda todos os tópicos importantes, e o deixará preparado para um bom começo — e com confiança substancial.

A criação da estratégia refere-se a *fazer as coisas certas*, e é uma preocupação primária de executivos e proprietários de empresas. A implementação refere-se a *fazer certo as coisas*, um grupo muito diferente de atividades. Tanto os executivos como os gerentes intermediários devem dar mais atenção à implementação, uma vez que não vale a pena ter uma ótima estratégia se as pessoas não conseguem implementá-la de forma adequada. Paradoxalmente, no entanto, muito já foi escrito sobre estratégia de negócios, mas poucos são os livros sobre implementação. Esperamos corrigir esse problema nos capítulos que se seguem.

O que é estratégia?

Em seu sentido original, estratégia (do grego *strategos*) é um termo militar usado na descrição da arte do general. Refere-se ao plano do general para dispor e manobrar suas forças com o objetivo de derrotar um exército inimigo. Carl von Clausewitz, o teórico do século XIX da arte da guerra, descreveu estratégia como "preocupação com o traçado de um plano de guerra e a formação de campanhas individuais e, dentro destas, decisão sobre os envolvimentos individuais".[1] Mais recentemente, numa época em que os Estados-nação são lançados uns contra os outros, o conceito de estratégia foi ampliado. O historiador Edward Mead Earle descreve-a como "a arte de controlar e utilizar os recursos de uma nação — ou uma coalização de nações —, inclusive suas Forças Armadas, para que seus interesses vitais sejam efetivamente promovidos e garantidos".[2]

Os executivos sempre gostaram de analogias militares, de modo que não é surpreendente que tenham adotado o conceito de estratégia. Eles também começaram a pensar na estratégia como um plano para controlar e utilizar seus recursos (humanos, físicos e financeiros), com o objetivo de promover e garantir seus interesses vitais. Kenneth Andrews foi um dos primeiros a articular essas idéias emergentes no clássico *The Concept of Corporate Strategy*, publicado em 1971. Andrews descreveu um contexto que ainda hoje é útil, ao definir estratégia em termos do que uma empresa pode fazer — isto é, seus pontos fortes e fracos — e das possibilidades que se abrem para ela — ou seja, o ambiente externo de oportunidades e ameaças.[3] Mais ou menos uma década depois, o professor de Harvard, Michael Porter, aprimorou essa definição, descrevendo estratégia como "uma fórmula ampla para o modo como uma empresa vai competir".[4]

Bruce Henderson, fundador do Boston Consulting Group e um dos decanos da estratégia corporativa, relacionava a noção de estratégia com vantagem competitiva, talvez tomando de empréstimo um conceito extraído da economia (vantagem comparativa). Uma *vantagem competitiva* é uma função da estratégia que coloca uma empresa em posição melhor do que as das rivais na criação de valor econômico para os clientes. Henderson escreveu que "Estratégia é uma busca deliberada de um plano de ação que vá desenvolver e construir uma vantagem competitiva para a empresa". A vantagem competitiva, prossegue ele, é encontrada nas diferenças. "As diferenças entre você e seus concorrentes são a base de sua vantagem."[5]

Henderson acredita que dois concorrentes não podem coexistir se ambos procuram fazer negócios da mesma maneira. Eles devem diferençar-se para sobreviver. "Cada um deles deve ser diferente o bastante para ter uma vantagem única." Por exemplo, duas lojas de roupas masculinas no mesmo quarteirão — uma que venda roupas formais e outra concentrada em trajes de lazer — podem sobreviver e prosperar. Sua proximidade física pode até criar benefícios mútuos. Porém, se as mesmas duas lojas vendessem os mesmos produtos nos mesmos termos, uma ou outra pereceria. Diante dessa situação, cada uma delas tentaria se diferençar de formas que agradassem mais aos clientes — por preço, mix de produtos ou ambiente.

Michael Porter concorda com a idéia de Henderson de ser diferente: "Estratégia competitiva é ter um diferencial. Significa escolher deliberadamente um conjunto diferente de atividades para fornecer um mix único de valor."[6] Considere estes exemplos conhecidos:

- A Southwest Airlines não se tornou a companhia aérea mais lucrativa da América do Norte ao copiar suas rivais. Ela se diferençou com uma estratégia caracterizada por tarifas baixas, partidas freqüentes, serviços ponto a ponto e satisfatórios para o cliente.
- A eBay criou uma forma diferente de as pessoas venderem e adquirirem bens: os leilões *online*. Os fundadores da empresa tinham como objetivo servir ao mesmo propósito dos anúncios classificados, brechós e leilões formais, mas o fizeram de uma forma simples, eficiente e de amplo alcance. Os leilões *online* distinguiram o serviço da empresa dos concorrentes tradicionais.
- A estratégia da Toyota no desenvolvimento do carro de passageiro Prius com motor híbrido foi criar uma vantagem competitiva aos olhos de um segmento importante de compradores de automóveis: pessoas que desejam um veículo ecologicamente correto, de operação barata e/ou a última palavra em engenharia de automóveis.

Até agora, essas estratégias vêm servindo muito bem a seus criadores e proporcionaram vantagens competitivas sobre os rivais. A Southwest é a companhia aérea mais lucrativa dos EUA; a eBay é a empresa da Internet mais bem-sucedida de todos os tempos, e, na época da produção deste livro, a Toyota tinha uma lista de espera de quatro meses para a aquisição de seu carro híbrido. Você pode se diferençar de muitas formas. Como veremos adiante, até empresas cujos produtos são idênticos aos dos concorrentes podem se distinguir estrategicamente, ao oferecerem, por exemplo, um preço melhor ou proporcionarem uma entrega mais rápida e mais confiável.

É claro que ser "diferente" não confere em si vantagem competitiva nem garante o sucesso nos negócios. Um carro-foguete seria "diferente", mas seria também improvável que atraísse clientes em número suficiente para ter sucesso. Um carro de motor híbrido (gasolina/elétrico), por sua vez, é diferente de forma a criar valor superior para os clientes em termos de economia de combustível e baixa emissão de gases de escapamento. Esses são valores pelos quais os clientes ficarão felizes em pagar.

Então, o que é estratégia? *Estratégia* é um plano que objetiva dar à empresa uma vantagem competitiva sobre os rivais por meio da diferenciação. Estratégia é entender o que você faz, o que quer se tornar e — mais importante — focalizar como fazer para chegar lá. Da mesma forma, trata do que você *não* faz; delimita as fronteiras em torno do alcance das intenções de uma empresa. Uma estratégia sólida, implementada com habilidade, identifica as metas e a direção necessárias para que os gerentes e funcionários de todos os níveis definam seu trabalho e tornem a organização bem-sucedida. Uma organização sem estratégia clara, por sua vez, fica sem leme. Ela se agita, lançando-se em uma ou outra direção de acordo com as oportunidades, mas nunca chega a um ótimo negócio.

A estratégia opera nos níveis corporativo e de unidades operacionais. Por exemplo, a General Electric consiste em muitas divisões que operam em diferentes setores: motores de aviões, eletrodomésticos, serviços de capital, iluminação, sistemas médicos, plásticos, sistemas de força e distribuição e controle de eletricidade. Ela é até proprietária da NBC, uma das maiores redes de televisão dos Estados Unidos. As pessoas que administram essa enorme empresa têm uma estratégia, assim como os gerentes de cada divisão. Como as divisões operam em setores e ambientes competitivos muito diferentes, suas estratégias devem necessariamente ser únicas. Mas cada uma delas deve estar alinhada com a estratégia maior da empresa.

Estratégia e modelo de negócios

Muitos confundem estratégia com uma expressão que ganhou popularidade recentemente: *modelo de negócios*. Essa expressão ganhou uso comum no final da década de 1980 — época em que as pessoas adquiriam experiência com computadores pessoais e planilhas eletrônicas. Graças a essas inovações em software, os executivos descobriram que podiam "modelar" facilmente os custos e as receitas associados a qualquer negócio proposto. Depois que o modelo era criado, bastava digitar algumas teclas para observar o impacto de mudanças individuais — por exemplo, em preço por unidade, margem de lucro e custos de fornecedor — no resultado financeiro. As declarações financeiras *pro forma* foram os principais documentos de modelagem de negócios. No auge da febre ponto-com, a expressão era muito popular. Ainda assim, muitas pessoas eram incapazes de dizer com exatidão o que significava.

Os acadêmicos definem modelo de negócios como o pilar que suporta a operação da empresa. A consultora gerencial Joan Magretta forneceu uma introdução útil a modelos de negócios em "Why Business Models Matter", um artigo de 2002 da *Harvard Business Review* em que ela descreve um modelo de negócios como uma variação da cadeia de valor que sustenta cada empresa. "Falando de forma ampla", escreve ela, "essa cadeia tem duas partes. A primeira inclui todas as atividades associadas à produção: projetar, comprar matéria-prima, fabricar, e assim por diante. A segunda parte inclui todas as atividades associadas à venda: identificar e abordar os clientes, efetuar uma venda, distribuir o produto ou fornecer o serviço."[7] Assim, o modelo de negócios trata mais de mecanismos pelos quais a entidade produz e fornece um produto ou serviço, e menos do que a diferencia aos olhos dos clientes e confere sua vantagem competitiva. Ele responde a estas perguntas: Como fazer isso funcionar? Que lógica econômica subjacente explica como podemos fornecer valor aos clientes a um custo adequado?

Toda organização viável é baseada em um modelo de negócios sólido, mas um modelo de negócios não é uma estratégia, embora muitos usem os termos de forma intercambiável. Os modelos de negócios descrevem, tal qual um sistema, como as peças de um negócio se encaixam e geram determinado lucro. Mas eles não incluem uma dimensão crítica de desempenho: a competição. Isso é tarefa da estratégia.

Algumas das empresas mais poderosas e lucrativas de hoje desenvolveram-se a partir de modelos de negócios elegantes e convincentes em sua lógica e poderosos no potencial econômico. A Dell Computer é uma dessas, e o exemplo citado com mais freqüência.

A eBay, a empresa de leilões *online*, é outro exemplo. Ela se desenvolveu a partir de um modelo muito simples e tradicional. Como uma empresa de telefonia de longa distância, a eBay criou uma infra-estrutura que permitiu que as pessoas se comunicassem e, novamente como uma fornecedora de chamadas de longa distância, cobra uma tarifa modesta de cada usuário. Sua infra-estrutura baseada na Web de software, servidores e regras de comportamento permite que uma comunidade de compradores e vendedores se reúna e realize transações para todos os tipos de bens — de *memorabilia* de Elvis a Porsches usados. A empresa não participa das transações, evitando assim muitos dos custos assumidos por outras empresas. Suas únicas responsabilidades são manter a integridade do processo de leilão e o sistema de informação que o possibilita.

Como um mecanismo para gerar renda, o modelo da eBay é simples. Ela recebe receita das tarifas dos vendedores. Essas receitas são reduzidas pelo custo de construir e manter a infra-estrutura *online* e pelos demais custos habituais: marketing, desenvolvimento de produtos, custos gerais e administrativos que mantêm a operação e atraem compradores e vendedores ao *site*. A diferença entre essas receitas e os custos é o lucro para os acionistas da eBay.

Além de sua simplicidade, o grande poder do modelo da eBay está no fato de que um pequeno número de funcionários assalariados e parceiros terceirizados pode lidar com um volume de negócios imenso e crescente. Além disso, o volume de transações (e de receita) pode dobrar com investimentos relativamente modestos. Softwares e servidores fazem o trabalho pesado. Essa atividade é muito diferente da estratégia declarada da empresa: a de formar e sustentar com eficácia o mercado baseado na Web mais eficiente e abundante do mundo — um mercado em que qualquer pessoa, em qualquer lugar, pode comprar ou vender quase qualquer coisa.

Como esse exemplo deve ter deixado claro, estratégia e modelos de negócios são conceitos diferentes, embora estejam relacionados. Enquanto a estratégia proporciona diferenciação e vantagem competitiva, o modelo de negócios explica, em termos econômicos, como a empresa funciona e ganha dinheiro.

O Processo de Estratégia

Como muito do que é importante nos negócios, a criação da estratégia e sua implementação devem ser abordadas como um processo, isto é, como um conjunto de atividades que transforma insumos em resultados. Esse processo é descrito graficamente na Figura I.1, em que vemos que a criação da estratégia parte da missão da empresa, que define seu propósito e o que pretende fazer pelos clientes e outros interessados. De posse da missão, a alta gerência estabelece metas — manifestações tangíveis da missão da organização, usadas para medir o progresso. As metas, como mostramos na figura, devem ser baseadas na compreensão pragmática do ambiente de mercado/negócios externo e das capacidades internas da organização.

A criação da estratégia começa com pesquisa e análise extensa e um processo pelo qual os gestores miram nas questões de alta prioridade que a empresa precisa atacar para ser bem-sucedida a longo prazo. Cada questão prioritária, as unidades e equipes são solicitadas a desdobrá-la em iniciativas concretas. Uma vez que esse plano de ação seja desenvolvido, os objetivos estratégicos da empresa e a visão de futuro ficam mais claros.

FIGURA I.1
O processo de estratégia

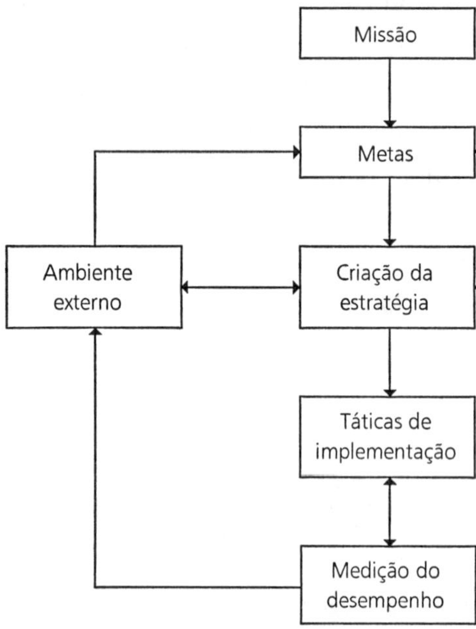

A criação da estratégia consome tempo e requer uma série de comunicações de mão dupla entre a gerência e as unidades operacionais, e, por meio disso, todas as partes examinam, discutem e refinam o plano. Como conseqüência, em geral há vários fluxos de planejamento paralelos. Nunca é demais destacar a importância do envolvimento das unidades operacionais nos processos de planejamento estratégico. As unidades operacionais abrigam vastíssimo conhecimento de sobre suas próprias capacidades e dos ambientes competitivos em que operam. As pessoas nas unidades operacionais podem fazer recomendações fundamentadas sobre o que a empresa deve fazer e aonde deve ir. Além disso, é mais provável que as unidades incluídas no processo de planejamento apóiem e implementem os planos que criaram. As unidades são os centros de implementação de uma organização. Elas têm a liderança, o pessoal e as habilidades necessários para a execução eficaz. As organizações que não incluem as unidades operacionais no processo de planejamento estratégico em geral têm resultados inferiores aos das empresas que o fazem.

Ao empreenderem juntos o processo de planejamento, a alta administração e os líderes das unidades garantem que as estratégias da empresa — corporativas e por unidade — estejam estreitamente alinhadas e que possa ser realizada a implementação de maneira bem-sucedida.

O que temos pela frente

A estratégia começa com metas, que surgem naturalmente da missão da entidade. As metas, por sua vez, são influenciadas por uma percepção iterativa do ambiente externo e das capacidades internas da organização. Da mesma forma, as opções estratégicas disponíveis para uma empresa surgem do processo de olhar para dentro e para fora. Quem planeja a estratégia refere-se a esta atividade como análise SWOT: Forças, Fraquezas, Oportunidades e Ameaças (*Strenghts, Weaknesses, Opportunities and Threats*). O Capítulo 1º o ajudará a examinar o ambiente externo de oportunidades e ameaças. O Capítulo 2º voltará o foco para o interior da empresa, para seus pontos fortes e fracos. O conhecimento desse mundo interno propicia um entendimento prático acerca das metas da empresa e das estratégias mais viáveis e promissoras. A ênfase do capítulo está nas áreas mais importantes em que os pontos fortes e fracos de uma empresa devem ser avaliados: as competências e processos essenciais, a situação financeira, o gerenciamento e a cultura.

Depois de você adquirir um senso claro dos pontos fortes e fracos da empresa e do ambiente em que ela deve operar, a pergunta é: Que tipo de estratégia devemos buscar? Há muitos "tipos" de estratégia para escolher. O Capítulo 3º descreve quatro tipos genéricos e o que é necessário para ter sucesso em cada um deles: liderança de baixo custo, diferenciação de produtos/serviços, relacionamento com o cliente e efeito de rede. É possível que um desses — ou uma variação deles — venha a ser adequado para a sua empresa e dê a ela participação sustentável e lucrativa de um segmento do mercado.

O Capítulo 4º dá continuidade à discussão, indicando como a estratégia pode ser usada para iniciar e construir posições defensáveis no mercado. Ele explora vários movimentos estratégicos em potencial: a criação de uma cabeça-de-ponte de mercado, o uso da inovação para superar barreiras à entrada, os princípios da *estratégia do judô* e outros.

Ter uma ótima estratégia é apenas parte do desafio. Uma atenção igual ou maior deve ser dada à implementação, às muitas medidas que traduzem a intenção estratégica em ações que gerem resultados. O Capítulo 5º nos leva da criação da estratégia aos primeiros passos de sua implementação. Ele explica a necessidade de alinhamento entre a estratégia e os detalhes cotidianos do modo de operação da empresa. O alinhamento e a implementação bem-sucedidos começam com planos de ação desenvolvidos e executados dentro da unidade. O Capítulo 6º segmenta o processo de desdobramento da estratégia em vários passos essenciais. Ele também contém um exemplo de plano de ação formal de uma empresa.

O Capítulo 7º trata de manter os planos de ação nos trilhos. Os gerentes não podem simplesmente lançar um conjunto de instruções e esperar uma implementação impecável. Em vez disso, devem sustentar seus planos com comportamentos coerentes, treinamento e outros reforços. E devem se comunicar incansavelmente com relação à natureza da estratégia e seus benefícios para todos da empresa.

As pessoas são a parte mais importante da implementação. Aproveitar sua energia e compromisso para a mudança estratégica é sempre o maior desafio da gerência. Os funcionários devem sentir que têm algo a dizer sobre os planos que precisam implementar. Eles devem saber que o sucesso é importante para suas carreiras e sua sorte e ser motivados a fazer bem as coisas certas. E devem ver incentivos reais para seu trabalho árduo. O Capítulo 8º volta-se para cada uma dessas exigências.

Nenhuma estratégia, mesmo que seja ótima, é eficaz para sempre. Algo no ambiente um dia pode mudar, tornando a estratégia corrente ineficaz ou não lucrativa. Os líderes devem estar atentos a essas mudanças. O Capítulo 9º explica como os gerentes podem avaliar a eficácia de suas estratégias e reconhecer quando estão perdendo a capacidade de conquistar clientes e de satisfazer a eles. Ele dá dicas sobre como os gerentes podem monitorar o desempenho de suas estratégias e identificar as áreas em que suas intervenções são necessárias.

Esses são os temas abordados no livro. Há ainda, ao final, um material que pode ser útil. Primeiramente, há um apêndice, que contém os seguintes itens:

- **Planilha para realizar uma análise SWOT.** A análise SWOT, como descrita nos capítulos 1º e 2º, é usada por estrategistas para identificar os pontos fortes e fracos, as oportunidades e as ameaças da empresa. A planilha pode ajudá-lo a ser sistemático na reflexão e na avaliação desses fatores internos e externos. Ela pode ser baixada do *site* da série Harvard Business Essentials: www.elearning.hbsp.org/businesstools. Você também encontrará outras ferramentas gerenciais e financeiras úteis nesse *site.*
- **Planilha para estrutura analítica do projeto (EAP).** A estrutura analítica do projeto, tomada de empréstimo da arte e da ciência de gestão de projetos, é uma das ferramentas de implementação descritas no texto. Você pode usar essa planilha para desconstruir grandes tarefas em suas partes integrantes e para estimar o tempo necessário para concluí-las. Essa planilha também pode ser baixada do *site* da série.
- **Relatório de progresso do projeto.** Se você trata sua implementação de estratégia como um projeto, achará essa ferramenta útil para observar o progresso a marcos-chave, decisões-chave, e a situação orçamentária. Pode ser baixada do *site* da série.

O apêndice de planilhas é seguido de um glossário de termos específicos a criação e implementação de estratégia. Toda atividade de negócios tem seu vocabulário próprio — e essa não é diferente. Quando vir um termo em itálico, é sua dica de que está incluído no glossário.

Uma última seção identifica livros e artigos prontamente disponíveis que podem lhe contar mais sobre os tópicos abordados neste livro. Por ser um livro da série Harvard Business Essentials, este volume pode não cobrir tudo o que você talvez queira saber sobre criação e implementação de estratégia, e, assim, se quiser saber mais, procure as publicações relacionadas nessa seção.

O conteúdo deste livro é baseado em artigos acadêmicos e livros sobre estratégia dos últimos 25 anos. Muitos foram publicados originalmente como artigos da *Harvard Business Review*. Para a implementação de estratégia, grande parte do material foi encontrado em Harvard ManageMentor® sobre Implementação de Estratégia, um serviço *online* da Harvard Business School Publishing. Todas as outras fontes estão citadas em notas no final do livro.

1

Análise SWOT I

Olhando para fora à procura de ameaças e oportunidades

Principais tópicos abordados neste capítulo

- *A identificação das ameaças e oportunidades no ambiente externo*
- *O mundo das tendências de estilo de vida e de trabalho que podem afetar sua empresa*
- *Avaliação de clientes*
- *Mudanças na arena competitiva*
- *O contexto das cinco forças de Porter*

A ESTRATÉGIA COMEÇA COM AS metas, que naturalmente vêm em seguida à missão da entidade. Mas, para fins práticos, as metas não podem existir isoladamente. Elas são fundamentadas pela percepção contínua do ambiente externo e das capacidades internas da organização. Embora muitos possam pensar que tudo se desenvolve a partir das metas, o fato é que as pessoas práticas formam metas com base no que é viável, de acordo com o ambiente em que devem operar seus recursos e capacidades. Por exemplo, a 3M Corporation se comprometeu com metas anuais numéricas: 10% ou mais de crescimento nos ganhos, 27% de retorno sobre o capital empregado, e assim por diante. Essas metas específicas não aparecem por um passe de mágica; elas são um produto de *insights* de executivos e diretores da 3M que entendem os mercados a que servem e as capacidades da empresa. Eles olham para fora e para dentro da empresa a fim de determinar suas metas.

Como mostramos na Figura 1.1, as opções estratégicas disponíveis para a empresa, da mesma forma, surgem do processo de olhar para fora e para dentro. Entre os planejadores estratégicos, essa análise recebe o acrônimo SWOT: Forças, Fraquezas, Oportunidades e Ameaças (*Strenghts, Weaknesses, Opportunities, Threats*).

- **As forças** são capacidades que permitem que sua empresa ou unidade tenha um bom desempenho — capacidades que precisam ser alavancadas.

- As **fraquezas** são características que impedem que sua empresa ou unidade tenha um bom desempenho, e precisam ser abordadas.

- As **oportunidades** são tendências, forças, eventos e idéias de que sua empresa ou unidade pode tirar proveito.

FIGURA 1.1
Análise externa e interna

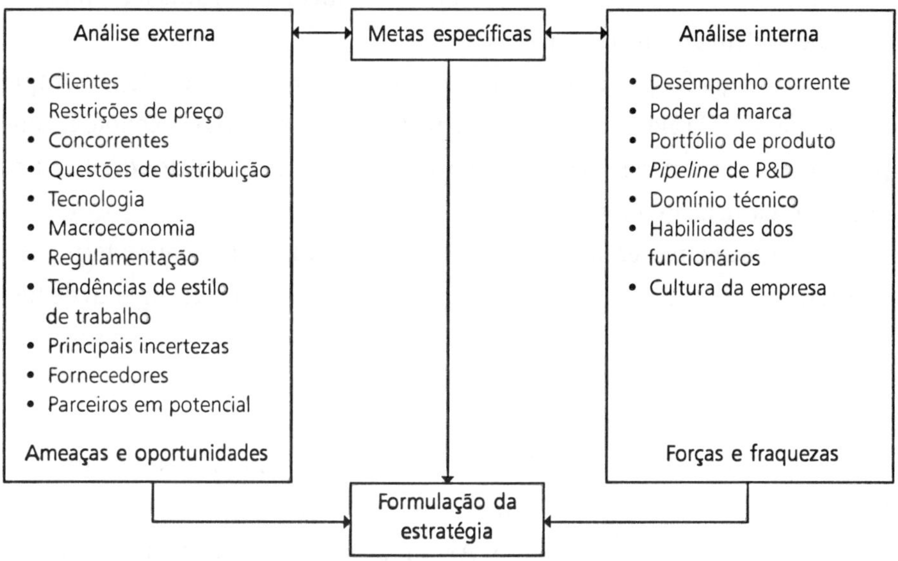

- As **ameaças** são eventos ou forças possíveis que estão fora de seu controle e requerem que sua empresa ou unidade planeje ou decida como mitigá-los.

Considerar os fatores externos e internos é essencial porque eles esclarecem o mundo em que opera a empresa ou unidade, permitindo planejar melhor o futuro desejado. Este capítulo explica o primeiro desses desafios: a análise externa. Trataremos da análise interna mais adiante.

Análise externa

"A essência da formulação da estratégia competitiva", escreve o acadêmico Michael Porter, "é relacionar uma empresa a seu ambiente."[1] O ambiente de toda empresa é povoado de clientes, concorrentes, fornecedores e, na maioria dos casos, reguladores. E todos têm um impacto em seu potencial de lucro. Existem clientes atuais e potenciais, cada um deles com exigências de qualidade, características e utilidade de produto/serviço. Alguma dessas exigências não estaria sendo atendida? Também há um conjunto de concorrentes atuais e ainda outros que podem entrar na arena.

A tecnologia faz parte do ambiente competitivo, e essa tecnologia sempre está mudando. Há alguma coisa se desenvolvendo no mundo da tecnologia que possa alterar seu ambiente competitivo, talvez tornando obsoletos os produtos dos líderes atuais do setor?

Os *substitutos* representam outro fator de ameaça no ambiente externo. Por exemplo, no início da década de 1980, um software para processamento de texto recém-desenvolvido para computadores pessoais representou um substituto para a máquina de escrever. A taxa de substituição foi tão rápida que as máquinas de escrever foram abandonadas no espaço de dez anos. Da mesma forma, a popularidade atual dos celulares com capacidade de processamento digital de imagens criou um substituto para as câmeras e o filme. Quais são os possíveis substitutos para seu produto? Algum de seus produtos tem um possível substituto em outros mercados?

Uma análise dos fatores externos relacionados na caixa esquerda da Figura 1.1 ajuda o estrategista a revelar e a entender as ameaças e oportunidades, o que, por sua vez, ajuda a revelar as opções estratégicas de uma empresa. (Essa lista não é de forma alguma completa, e estimulamos o leitor a pensar em outros fatores pertinentes a seu setor.) Porque a cobertura detalhada de cada um desses fatores está além do escopo deste livro da série Harvard Business Essentials, iremos abordar aqui apenas alguns. Também vamos discutir como as "cinco forças" de Michael Porter enfocam a análise da competição em um setor, um conceito que mostra o seu valor aos executivos há mais de 25 anos.

(Observação: para uma discussão mais completa da análise externa, ver textos relacionados na seção "Leituras Recomendadas" no final deste livro. Em particular, ver Michael Porter, *Competitive Strategy*; David Aaker, *Developing Business Strategies*, e Jay Barney, *Gaining and Sustaining Competitive Advantage*.)

Tendências de estilo de vida e de trabalho

Qualquer que seja o setor em que você está, as tendências de estilo de vida e de trabalho provavelmente vão afetar seu futuro. Considere este exemplo: de acordo com o IDC, uma empresa de pesquisa privada, o número de funcionários americanos que viajam a trabalho aumentou 40% em 2004 e pode aumentar para 66% no final de 2006. Dependendo de sua empresa, essa estatística crua deve incitar várias indagações:

- Como viajam esses milhões de pessoas?
- Onde e o que comem?
- Onde passam a noite, e quais acomodações especiais tornariam as noites na estrada mais toleráveis?
- Como mantêm contato com os familiares, os escritórios e os clientes enquanto viajam?
- O que pode ser feito para reduzir o custo de tantas viagens?
- Como o tempo de viagem perdido pode ser transformado em tempo produtivo?

Essas são perguntas para as quais devem procurar respostas os executivos dos setores de viagens, restaurantes, hospedagem e computação e telecomunicações móveis. Essas respostas revelarão ameaças para alguns e oportunidades para outros. Por exemplo, a projeção de aumento nas viagens a negócios do IDC é uma boa notícia para as companhias aéreas e os hotéis que atendem a esse segmento de viajantes. Mas também é boa notícia para as empresas que fornecem substitutos eficazes para as viagens, como produtos e serviços da Web e de videoconferência, e o sucesso desses substitutos é uma ameaça direta àquelas mesmas companhias aéreas e hotéis. Por que gastar montes de dinheiro e consumir tempo produtivo levando as pessoas de avião a reuniões quando elas podem se encontrar *online* ou em instalações de videoconferência perto de casa?

O crescimento das viagens a negócios é apenas uma das muitas mudanças no estilo de trabalho e de vida que estão acontecendo bem debaixo de nosso nariz. Cada uma delas representa uma combinação de ameaça e oportunidade para empresas de diversos setores. Considere o que se segue:

- Um número cada vez maior de pessoas trabalha em casa. Essas pessoas dependem muito das telecomunicações de PCs, e de conectividade em Internet. Seus gerentes no escritório da empresa não têm certeza de como supervisioná-las. Como estes fatos afetarão sua empresa ou darão oportunidades para novos negócios?
- A Internet tem tornado as compras, a pesquisa, a organização de viagens e a administração do dinheiro mais rápidas e mais convenientes. Será que isso vai destruir seus negócios atuais ou abrir novas oportunidades para atender aos clientes de forma lucrativa?
- As autoridades americanas declararam a obesidade uma epidemia nacional, e os cidadãos dos EUA também estão ficando mais corpulentos. O que essa declaração prognostica para as empresas de alimentos, cadeias de restaurantes, clínicas de saúde e nutricionistas?
- O preço das casas explodiu nas costas leste e oeste dos Estados Unidos, colocando a aquisição da casa própria fora do alcance de um número cada vez maior de pessoas, e não há perspectiva de melhora à vista. O que isso significa para os construtores, para os fornecedores de material de construção e para as empresas de financiamento imobiliário? Haverá oportunidade para uma nova abordagem da construção e do financiamento de casas a preços mais acessíveis?

- A população européia e japonesa está envelhecendo, e as mulheres dessas nacionalidades em idade de reprodução estão tendo menos filhos. Isso terá conseqüências enormes para os sistemas de assistência médica, habitação para os idosos e mercados de trabalho. As tensões sobre os serviços sociais e o sistema de aposentadorias e pensões são inevitáveis. Transições semelhantes contêm ameaças para algumas empresas, e oportunidades imensas para outras.

Esses são apenas alguns dos muitos desenvolvimentos que estão alterando nosso mundo. Cada um deles obriga as empresas a reformular suas estratégias. Assim, mantenha-se informado dos relatórios dos grupos de pesquisa, do IDC, da Forrester Research, de órgãos governamentais e outras organizações de pesquisa. Leia muitos jornais e periódicos. Realize sua própria pesquisa sobre as tendências que podem afetar seus negócios e formar a base de uma nova estratégia. Dê uma atenção especial a qualquer área em que uma mudança significativa esteja a caminho. Procure ter amplitude em sua análise; as mudanças que mais o afetam podem estar fermentando fora de seu setor.

Clientes

Como certa vez escreveu Peter Drucker, a maior obrigação de uma empresa é criar clientes. Na ausência de clientes, as muitas coisas que a empresa faz — desenvolvimento de produtos, fabricação, embarque e assim por diante — não têm sentido nenhum. Assim, a análise dos fatores externos, em geral, começa com um estudo dos clientes:

- Quem são eles?
- Até que ponto são sensíveis ao preço?
- Como podem ser alcançados?

- Como estão usando determinado produto ou serviço?
- Que necessidades deles são mal atendidas — ou não são atendidas?
- Que nível de fidelidade eles têm com os atuais vendedores?
- Eles procuram uma transação rápida ou um relacionamento de longo prazo?

Tendo em vista as inúmeras perguntas que podem ser feitas sobre os clientes, é útil segmentá-los em grupos que apresentem as mesmas características. A *segmentação do mercado* vem diretamente do kit de ferramentas do pessoal de marketing; é uma técnica utilizada para dividir um grande mercado heterogêneo de clientes em segmentos menores, com características homogêneas. Estas características podem ser definidas de várias maneiras. Aqui estão alguns exemplos:

- **Idade** — idosos, adolescentes, universitários
- **Gênero** — mulheres, homens estrangeiros
- **Localização geográfica** — famílias de subúrbio do norte e do oeste de Londres
- **Tipo de usuários** — fortes usuários de mensagens de voz, usuários de vanguarda
- **Renda** — lares com renda total entre 30 mil e 50 mil euros
- **Comportamento** — pessoas que compram regularmente pela Internet

A análise de segmentos de clientes é de grande valia para os estrategistas. A segmentação torna mais fácil identificar necessidades (atendidas ou não), sensibilidade ao preço, capacidade de acesso e fidelidade de clientes identificáveis. O estudo de segmentos-chave pode, por exemplo, revelar que alguns clientes são muito mais lucrativos do que outros. O que pode ser ilustrado por uma pesquisa que, durante os primeiros dias da era do celular, revelou vários segmentos de clientes distintos:

- **Usuários raros.** Pessoas (principalmente mulheres) que usavam o mínimo e principalmente por motivos de segurança pessoal. Esse segmento comprava o serviço de preço mais baixo e não era lucrativo. A rotatividade era extremamente alta, na medida em que mudavam de operadoras de serviço em resposta a promoções especiais de baixo preço oferecidas periodicamente pelos concorrentes.
- **Usuários ocasionais.** Clientes que só faziam algumas chamadas por semana. Os serviços da empresa de telefonia móvel se pagavam com esse grupo.
- **Profissionais de negócios.** Pessoas que usavam seus celulares regularmente e assinavam os serviços mais caros. Elas também eram fiéis e relativamente insensíveis aos preços. A maior parte dos lucros da empresa vinha desse segmento.

Essas descobertas tiveram impacto sobre a estratégia futura da empresa de telecomunicações.

Reserve alguns minutos para pensar nos clientes de seu setor — tanto os que você tem como os que gostaria de recrutar. Quanto sua empresa realmente sabe dessas pessoas e de suas necessidades? Elas estão divididas em grupos homogêneos que revelam dados essenciais para os estrategistas? Existem segmentos importantes e potencialmente lucrativos que não são atendidos por você ou seus concorrentes?

Sensibilidade ao preço e elasticidade da demanda

Entre os fatores externos que os estrategistas devem entender está a sensibilidade dos clientes ao preço. Quer pretendam oferecer um novo disco rígido aos clientes, uma linha de lanches com pouca caloria ou uma nova terapia medicamentosa, eles devem ter uma consciência bem fundamentada do relacionamento entre preço e demanda do cliente.

Um dogma básico da economia em um livre mercado é o de que as pessoas compram mais um bem ou um serviço quando o preço cai, e menos quando o preço aumenta, se todos os outros fatores permanecem inalterados. Isso é ao mesmo tempo intuitivamente óbvio e facilmente comprovado. Os clientes racionais são sensíveis ao preço. A Figura 1.2 mostra a elasticidade da demanda de dois produtos. O declive acentuado na curva da demanda (D) do Produto A indica alta sensibilidade a um aumento de preço; os clientes farão compras menores à medida que o preço sobe. O Produto B, por sua vez, demonstra muito menos sensibilidade ao aumento de preço; os clientes reduzem só um pouco suas compras em face do aumento de preços; como os economistas diriam, a demanda é relativamente inelástica.

Alguns bens e serviços demonstram sensibilidade relativamente baixa aos preços — pelo menos a curto prazo. Considere o combustível de automóveis. O aumento em 30% no preço da gasolina nos Estados Unidos no outono de 2004, quando o petróleo bruto passou a 54 dólares o barril, causou apenas uma queda de 2 a 3% no consumo de gasolina no país. Por quê? As pessoas estavam tão ligadas em planos de férias e rotinas de trabalho e doméstica, que o aumento causou pouco mais do que uma ondulação na demanda. Se esse nível de fixação de preço (ou aumento de preço) persistisse por um longo tempo, porém, o consumo cairia substancialmente à medida que as pessoas parassem de comprar veículos 4X4 que esbanjam gasolina, optassem por usar o transporte público, começassem a pegar carona para o trabalho e assim por diante. Como para confirmar esse efeito de longo prazo, a Opep, o cartel de países produtores de petróleo, notificou que queria ver o preço do petróleo voltar à faixa de 22 a 25 dólares o barril. Embora a alta repentina nos preços fosse um contratempo enorme para os membros da Opep, eles sabiam que sustentar os preços altos induziria seus clientes a procurar substitutos para o petróleo e a investir seriamente em fontes de energia alternativas — o que atingiria os produtores de petróleo a longo prazo.

FIGURA 1.2
Sensibilidade a mudanças de preço

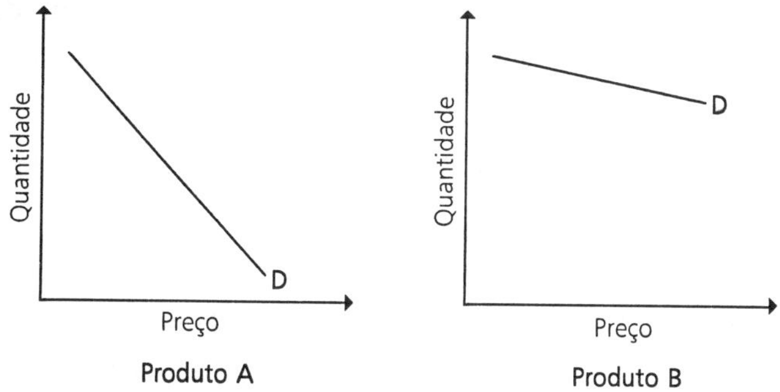

Muitos produtos e serviços exibem reação muito mais imediata e drástica a mudanças de preço — em geral, porque o produto ou serviço não é essencial ou porque há muitos substitutos disponíveis. A carne de boi é um exemplo. Toda vez que o preço da carne aumenta acentuadamente, a demanda declina de imediato e quase com a mesma intensidade. Os compradores olham o preço e dizem: "Acho que vamos ter frango no jantar de hoje."

Os economistas usam a expressão *elasticidade-preço da demanda* para quantificar o impacto das mudanças de preço sobre as demandas dos clientes. Se você conhece microeconomia, deve estar familiarizado com esse conceito. A elasticidade-preço da demanda é calculada da seguinte forma:

Porcentagem da variação da quantidade/Porcentagem da variação de preço
= Elasticidade-preço da demanda

Assim, se uma empresa aumenta o preço de um produto de 100 para 120 dólares, o preço aumenta 20%. Se este aumento fez com que a quantidade vendida caísse de 600 para 550 unidades, a porcentagem de queda seria de 8,3%. Seguindo nossa fórmula, a elasticidade-preço da demanda seria de

8,3/20 = 0,415

Quanto mais alto o número final, mais sensíveis os clientes são às variações de preço.

Podemos determinar como os clientes vão reagir a uma mudança de preço por meio de grupos de foco, questionários e experimentos diretos em mercados locais. Por exemplo, o produtor de um cereal matinal que vendia em todos os Estados Unidos pôde aumentar seu preço em Bruxelas e observar o impacto sobre as vendas por unidade.

Para completar essa análise, porém, o estrategista deve calcular o impacto previsto de uma mudança de preço sobre a receita total. As pessoas podem estar comprando itens menores a um preço mais alto. Para o exemplo dado, a empresa estava vendendo 600 unidades a 100 dólares cada, ganhando uma receita de 60 mil dólares. Sob seu novo cenário, ela espera vender 550 unidades a 120 dólares, resultando em uma receita total de 66 mil dólares. Seria necessária uma análise mais detalhada para determinar se o valor mais alto da receita seria traduzido em lucros brutos maiores ou menores.

Os estudos formais de elasticidade-preço da demanda em geral são reservados a movimentos táticos. Todavia, entender a relação entre níveis de preço e comportamentos de consumo dos clientes é uma peça importante do quebra-cabeças maior que os estrategistas devem entender.

Até que ponto você entende a sensibilidade dos clientes ao preço em seus mercados? Como essa compreensão fundamenta suas opções de estratégia?

A arena competitiva

Como escreveu com muito discernimento George Day, professor da Wharton School, "Uma das principais questões que os gerentes enfrentam na formulação da estratégia competitiva é definir a arena da competição. Onde você está competindo? Quem são seus concorrentes? A que ponto a arena competitiva é atraente?"[2] Nenhum exame do ambiente externo é completo sem uma análise cuidadosa dos concorrentes e da arena competitiva. Certamente você sabe quem são seus concorrentes. Eles são aqueles com quem seu pessoal de vendas luta todo dia para fechar vendas essenciais. Eles são as empresas que objetivam roubar seus melhores clientes. Sim, você sabe quem eles são, mas quanto sabe *sobre* eles — seus pontos fortes e fracos? Você está ciente das arenas emergentes de competição? E os concorrentes que aparecerão nos meses ou anos futuros?

Algumas arenas de competição são relativamente estáticas, em particular em setores maduros com uso intensivo de capital. O setor do aço, até a década de 1970, podia ser definido como estático. Um punhado de grandes concorrentes se arrastava, cada um deles tentando reduzir os custos de produção por unidade e capturar uma parcela maior do mercado à custa dos rivais. Outros setores são mais dinâmicos. O setor de entretenimento é um ótimo exemplo. Vinte anos atrás, as pessoas nos Estados Unidos podiam ver três ou quatro emissoras de rede de televisão, uma emissora pública e uma ou duas emissoras locais. Elas também podiam ir ao cinema, ou a um show ao vivo. Hoje, os telespectadores ainda podem ver canais abertos, mas também podem ter acesso a centenas de canais a cabo. As salas de cinema ainda existem, mas milhares de filmes agora estão disponíveis em VHS, DVD, cabo e sistemas de *pay-per-view*. Porque muitos desses serviços de entretenimento são vulneráveis à substituição por outros, os vendedores coçam a cabeça e perguntam, "Que estratégia nos ajudará a cavar um nicho lucrativo nesse mercado dinâmico? E o que virá a seguir?"

As marcas de um mercado dinâmico incluem:

- Muitos produtos/serviços diferentes voltados para uma necessidade semelhante (por exemplo, telefones fixos, celulares, mensagem instantânea, e-mail)
- Uma diversidade de concorrentes (por exemplo, redes de TV, empresas de TV a cabo, videolocadoras, casas de espetáculos)
- Poucas barreiras insuperáveis à entrada
- Fragmentação do mercado

Até que ponto você entende a competição no mercado a que pretende servir? Poucas áreas de pesquisa dão mais dividendos para os estrategistas do que essa.

Tecnologia emergente

A tecnologia é um importante impulsionador da economia moderna. A Intel, a Cisco Systems, a Siemens e a Genzyme ganharam o mundo criando e aproveitando tecnologias novas ou aprimoradas. A eBay, a Amazon.com, o Google, a Cinglar e a Yahoo! sequer existiriam se os computadores e a tecnologia de Internet não tivessem sido desenvolvidos. Até o armazém do seu bairro, um negócio muito tradicional, depende de tecnologia para acelerar as linhas de verificação, reduzir os erros, rastrear as vendas por categoria e administrar o estoque.

A tecnologia representa ao mesmo tempo uma ameaça e uma oportunidade. É uma ameaça no sentido de que uma nova tecnologia pode solapar seu negócio, assim como o software de processamento de texto e os PCs torpedearam o setor de máquinas de escrever e a tecnologia digital de imagens está acabando com o negócio de filme fotográfico/processamento de filme. Por outro lado, sabemos que a tecnologia pode proporcionar oportunidades valiosas às empresas que a comercializam, garantindo benefícios claros e valor aos clientes.

O contexto das cinco forças de Porter

Nenhuma discussão do ambiente competitivo seria completa sem discutir o contexto das cinco forças de Porter. Articulado em 1979 em um artigo premiado da *Harvard Business Review*, "How Competitive Forces Shape Strategy", o contexto de Porter ainda é uma ferramenta útil para ter uma apreensão analítica da competição e da economia subjacente em um setor. Também estimula o estrategista a olhar para fora do pequeno círculo de concorrentes naturais em busca de outros participantes e tendências que determinem a lucratividade e o crescimento em potencial. Porter identifica as seguintes forças que regem a competição em um setor (ver Figura 1.3):

- Ameaça de novos participantes
- Poder de barganha dos fornecedores

FIGURA 1.3
As cinco forças de Porter

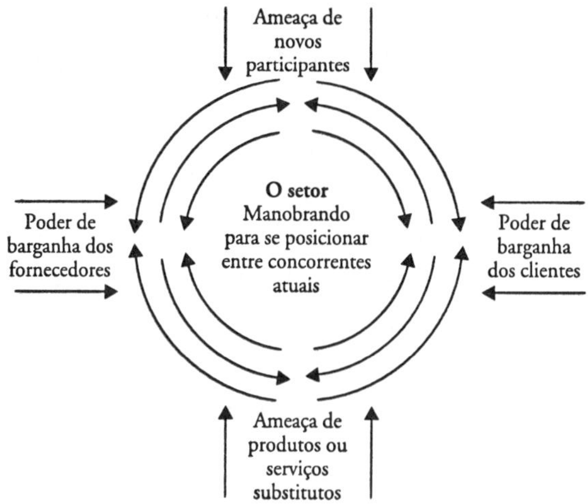

Fonte: Michael E. Porter, "How Competitive Forces Shape Strategy", *Harvard Business Review*, março-abril de 1979, 141. Reproduzido com permissão.

- Manobras para posicionamento entre concorrentes atuais
- Poder de barganha de clientes
- Ameaça de produtos ou serviços substitutos

"O poder coletivo dessas forças", escreve ele, "determina o potencial de lucro definitivo de um setor." De posse desses fatores, o potencial de lucro irá variar de um setor para outro. Hoje, por exemplo, os setores de telecomunicações estão diante de um fraco potencial de lucro porque muitos fatores conspiram contra os provedores existentes: os participantes do setor estão lutando continuamente para arrebanhar os clientes dos rivais, em geral cortando preços e ampliando os serviços; os clientes podem mudar com facilidade; e muitas opções de comunicações estão disponíveis, inclusive linhas fixas, celulares, mensagem instantânea por e-mail e telefone pela Internet. Enquanto isso, o ritmo rápido da inovação tecnológica vem forçando os participantes existentes a gastar muito para permanecer na vanguarda. Os participantes de outros setores, por sua vez, podem enfrentar uma combinação muito mais favorável das cinco forças.

A chave para o crescimento e a sobrevivência, de acordo com Porter, é usar o conhecimento dessas cinco forças para "delimitar uma posição que seja menos vulnerável ao ataque de oponentes que estejam em pé de igualdade, sejam eles estabelecidos ou não, e menos vulnerável à erosão de compradores, fornecedores e bens substitutos". Essa posição, afirma ele, pode ser conquistada pela consolidação de relacionamentos com clientes lucrativos, diferenciação de produto (por novo projeto ou marketing), integração de operações ou pela conquista da liderança tecnológica.[3]

Uma discussão completa do contexto das cinco forças vai além do objetivo deste capítulo. No entanto, os leitores devem obter o artigo em questão e aplicar os conceitos a seus próprios setores.

Olhar ao redor em busca de ameaças e oportunidades é uma parte da preparação que você deve fazer antes de até mesmo discutir planos estratégicos. As grandes empresas fazem isso continuamente. Elas mandam seu pessoal especializado a conferências profissionais e assinam as principais publicações acadêmicas. Elas sempre estão em contato com os clientes atuais e em potencial por meio de grupos de foco e entrevistas com *usuários de vanguarda* — isto é, empresas e indivíduos cujas necessidades estão muito à frente das dos usuários típicos. Algumas chegam a criar unidades especiais de "inteligência" para vasculhar jornais e publicações técnicas, ficar de olho em regulamentações propostas, e assim por diante. Essas empresas estão constantemente sondando o mundo em busca de ameaças e oportunidades que podem afetá-las. Sua empresa deve fazer o mesmo.

Resumo

- As tendências de estilo de vida e de trabalho podem afetar seu futuro.
- A segmentação de mercado é uma ferramenta útil para dividir um grande mercado heterogêneo de clientes em segmentos menores com características

homogêneas. A análise desses segmentos pode ajudá-lo a entender quais são os clientes mais lucrativos. A segmentação também facilita a identificação das necessidades atendidas e não atendidas, da sensibilidade ao preço, da capacidade de acesso e da fidelidade de clientes identificáveis.

- Ao determinar a elasticidade-preço da demanda para seu produto ou serviço, você pode quantificar o impacto das variações de preço sobre a demanda do cliente.

- O contexto de Porter para a análise competitiva estimula os estrategistas a examinar cinco forças do setor: a ameaça de novos participantes; a ameaça de produtos ou serviços substitutos; o poder de barganha dos fornecedores; o poder de barganha dos clientes, e a manobra tática para se posicionar entre os concorrentes atuais.

2

Análise SWOT II

Olhando para dentro em busca de pontos fortes e fracos

Principais tópicos abordados neste capítulo

- *Identificação e avaliação de competências essenciais*
- *Compreensão de sua capacidade financeira para empreender uma nova estratégia*
- *Avaliação da cultura gerencial e organizacional em termos de preparo para a mudança*
- *Um método de nove passos para avaliar os pontos fortes e fracos*

DEPOIS DE PROCURAR NO mundo exterior por ameaças e oportunidades, os estrategistas devem olhar para dentro e avaliar seus pontos fortes e fracos como empresa. Como acontece no mundo exterior, o conhecimento do mundo interior dá um sentido prático sobre as metas e estratégias da empresa que são mais viáveis e promissoras.

Quais são os pontos fortes e fracos de uma empresa ou unidade? A estrutura de custos de suas operações é um lugar para o qual olhar em busca de respostas. Outro são as marcas da empresa. Serão elas poderosas e capazes de ampliar o alcance da organização no mercado? E os projetos *pipeline* de P&D, e a perspicácia de seus funcionários?

Há muito a ser considerado em uma análise interna. Este capítulo aborda três áreas importantes em que os pontos fortes e fracos de uma empresa devem ser avaliados: competências e processos essenciais, situação financeira e gerenciamento e cultura. Em seguida, apresenta um método que você pode usar para realizar suas avaliações.

Competências essenciais

Uma competência essencial é um fundamento em potencial para qualquer estratégia nova ou revisada. A expressão *competência essencial* refere-se à *expertise* ou às habilidades de uma empresa em áreas-chave que produzem diretamente um desempenho superior. Uma das competências essenciais da Sony, por exemplo, é a sua capacidade de unir a microeletrônica e o projeto inovador em um fluxo de produtos úteis para o cliente. A Corning tem enormes competências na área de materiais de vidro e cerâmica e usou essas competências estrategicamente ao longo dos anos para produzir linhas de produtos bem-sucedidas, dos refratários Pyrex a tubos de imagem de TV, fibras óticas e entranhas de conversores catalíticos. A Bechtel conta com gestão de projeto de larga escala entre suas competências essenciais; quer a tarefa seja construir um novo aeroporto para a capital do Peru, quer um complexo petroquímico na província de Guangdong, na China, a Bechtel sabe como enfrentar uma grande tarefa e realizá-la.

Quais são as competências essenciais de sua empresa? Não responda a essa pergunta simplesmente declarando o que sua empresa faz: "Produzimos instalações de iluminação." Em vez disso, determine aquilo em que só vocês são bons — melhores do que os outros —, e o valor para os clientes. Em alguns casos, aquilo em que vocês são bons pode ser um processo essencial — isto é, uma atividade-chave que transforma insumos em resultados. Os processos essenciais são aqueles que constroem ou destroem sua empresa. A 3M, por exemplo, tem um processo de criar dezenas de produtos novos que agradam aos clientes a cada ano. Ao longo dos anos, ela aprendeu muito mais do que a maioria a gerar idéias promissoras — muitas na área de adesivos — e a converter as melhores em soluções reais para os problemas dos clientes e das indústrias. Para a USAA, a empresa de serviços financeiros de propriedade de seus membros, lidar com as transações dos clientes é um processo essencial, e um processo em que eles se saem particularmente bem.

Um alerta: ser excepcionalmente bom em algo não confere em si uma vantagem estratégica. Você deve ser excepcionalmente naquilo que os clientes valorizem. Isso pode parecer óbvio, mas alguns executivos não enxergam. Você também deve ser melhor do que os outros.

Uma forma de avaliar o poder relativo de suas competências e seus processos essenciais é por meio do *benchmarking*, um método objetivo para classificar as atividades em comparação com atividades semelhantes realizadas por organizações reconhecidas por suas melhores práticas. Além de proporcionar um método para avaliar a si mesmo, o *benchmarking* tem como objetivo identificar oportunidades para melhoria de processo. O alvo do *benchmark* pode muito bem estar em outro setor. Por exemplo, quando descobriu problemas em sua operação logística de peças e componentes, a Xerox mandou uma equipe a Freeport, no Maine, para estudar como a L.L. Bean, a popular e bem-sucedida varejista de roupas e equipamentos por mala direta, conseguia selecionar e embalar os pedidos de cada cliente. O que a equipe da Xerox aprendeu foi depois utilizado para melhorar o modo como lidava com os pedidos dos próprios clientes.

Lembre-se: uma competência é significativa apenas em um contexto. (Ver "Sua competência única é uma base sólida para uma estratégia eficaz?" para uma análise da avaliação de competências essenciais.)

Aqui está um exemplo de um método que você pode usar para avaliar sistematicamente o poder de suas competências essenciais em relação às dos rivais. A empresa hipotética neste exemplo é a Gizmo Products, Inc., uma projetista e fabricante de utensílios de cozinha de ponta. Nesse exercício, ela comparou suas competências e áreas críticas com as da Empresa X e as da Empresa Y — as duas sérias concorrentes (ver Tabela 1.2). Observe que são identificadas as áreas de desempenho competitivo primário e secundário.

Classificações semelhantes às mostradas na tabela podem ajudar os gerentes e executivos a identificar os pontos fortes e fracos nas áreas que mais importam. Essas classificações sempre podem ser obtidas por meio de *brainstorming* entre o pessoal da empresa. Mas as opiniões dos funcionários podem carecer de objetividade e sofrer de conhecimento incompleto. Assim, se você adotar esse método, certifique-se de consultar o pessoal de vendas, dissidentes de empresas rivais e consultores que conhecem bem o setor. Faça uso de qualquer dado de levantamento que sua pesquisa de mercado tenha realizado sobre clientes e distribuidores. Também olhe a qualidade e as incidências de reparo compiladas por terceiros objetivos. O que você quer é uma avaliação sem enfeites daquilo em que sua empresa é forte e fraca em relação a concorrentes-chave.

Esse método de avaliação difere do exercício de *benchmarking* tradicional, em que são examinados muitos aspectos essenciais da competência da empresa, e não um apenas. E, como o *benchmarking*, ele tem uma fraqueza metodológica: fornece um instantâneo de como empresas diferentes estão em um dado momento, quando o que importa para o futuro é a trajetória da competência. Por exemplo, na Tabela 2.1, a Gizmo aparece mais forte do que a Empresa B em termos de fabricação flexível, uma competência essencial. A Gizmo classifica-se em 4 em oposição ao 3 da Empresa B nessa característica importante. Porém, a Gizmo pode estar perdendo força relativa nessa área, enquanto a Empresa B pode estar se aprimorando rapidamente a cada ano.

Sua competência única é uma base sólida para uma estratégia eficaz?

Para ser a base para uma estratégia eficaz, determinada competência essencial ou recurso deve ser valorizada pelos clientes. Mas deve também passar pelos seguintes testes, de acordo com David Collins e Cynthia Montgomery:

- **Originalidade.** Deve ser difícil de copiar. Não tente basear uma estratégia de longo prazo em algo que seus concorrentes possam copiar rapidamente.
- **Durabilidade.** A durabilidade refere-se ao valor de continuidade da competência ou recurso. Alguns nomes de marca, como a Disney ou a Coca Cola, têm valor duradouro. Algumas tecnologias, porém, têm valor comercial por apenas alguns anos; depois, elas são varridas por tecnologias novas e melhores.
- **Adequabilidade.** Esse teste determina quem captura o valor criado por sua competência ou recurso único. Em alguns setores, a maior parte dos lucros vai para os varejistas, e não para as empresas cuja engenhosidade

desenvolveu e fabricou os produtos reais.

- **Sustentabilidade.** Seu recurso especial pode ser derrubado por um substituto?
- **Superioridade competitiva.** Sua competência ou seu recurso essencial é verdadeiramente superior ao dos concorrentes? Como alertam Collins e Montgomery, "Talvez o maior erro cometido pelos gerentes quando avaliam os recursos das empresas seja que eles não os avaliam com relação aos concorrentes". Então sempre classifique sua força com relação ao melhor de seus rivais.

Fonte: David J. Collins e Cynthia A. Montgomery, "Competing on Resources", *Harvard Business Review* (julho-agosto de 1995), 118-128.

TABELA 2.1

Comparação de competências e recursos essenciais

5 = muito forte; 1 = muito fraca	Gizmo	Empresa A	Empresa B
Competências			
Importância primária			
Tempo de lançamento de novo produto	5	2	3
Qualidade do produto	4	4	5
Serviço ao revendedor	4	2	5
Satisfação de clientes finais	5	2	4
Desenvolvimento e atração de talento humano	4	2	4
Fabricação flexível	4	2	3
Importância secundária			
Habilidades de gerenciamento de projeto	4	?	3
Controle de custos	4	3	5
Sistemas de tecnologia de informação	3	?	4
Ativos críticos			
Poder de marca	3	1	4
Poder de cadeia de fornecedores	5	1	4
Instalações físicas	4	2	4
Parcerias estratégicas	3	2	5
Rede de distribuição	4	3	5

Assim, no ano seguinte, a Gizmo pode ter perdido sua liderança em fabricação flexível. Desse modo, acrescente um senso de trajetória a suas avaliações, como na Tabela 2.2. Essa tabela indica que a Gizmo está declinando. A Empresa A está estagnada e a Empresa B está aprimorando sua competência na fabricação flexível.

TABELA 2.2
Avaliação das competências com trajetória

As setas indicam a trajetória das forças e fraquezas relativas

	Gizmo	Empresa A	Empresa B
Fabricação flexível	4 ↓	2 →	3 ↑

Situação financeira

Se formular uma nova estratégia é o objetivo de sua análise interna, é melhor avaliar o atual ponto forte financeiro de sua organização. Afinal, uma nova estratégia pode ser de implementação dispendiosa, principalmente se envolver potencialmente a compra de ativos ou a aquisição de outra empresa ou unidade operacional. Assim, peça ao CEO para preparar um relatório completo que inclua o que se segue:

- **Fluxos de caixa.** Até que ponto os fluxos de caixa de atividades atuais são suficientes para sustentar uma nova iniciativa? Uma empresa de crescimento rápido em geral devora fluxo de caixa de operações e depois precisa procurar por capital externo para financiar o crescimento. Uma empresa madura e de crescimento baixo, por sua vez, pode financiar uma nova iniciativa a partir do fluxo de caixa operacional das atividades atuais.
- **Acesso a capital externo.** Se o fluxo de caixa for insuficiente para financiar uma nova estratégia, a empresa terá de procurar por credores e/ou investido-

res externos. Assim, determine na empresa (1) sua capacidade de tomar empréstimos, (2) sua capacidade de lançar títulos a uma taxa razoável de juros, e (3) na eventualidade de uma iniciativa importante, sua capacidade de atrair capital acionário por meio da venda de ações da empresa.

- **Outros planos de gastos de capital programados.** Sua empresa pode já ter aprovado outros projetos com gasto de capital e, se for assim, estes podem absorver todo o capital disponível. Consiga uma lista destes projetos programados e determine até que ponto eles competirão por recursos com qualquer estratégia nova.
- **Taxa de atratividade para novos projetos.** A *taxa de atratividade* é o índice mínimo de retorno esperado de novos projetos que requerem investimentos substanciais de capital. Em geral é calculada como o custo de capital do empreendimento somado à expectativa de lucro.

O desempenho financeiro de operações correntes também é algo que você deve conseguir com o CEO — em particular, o retorno da empresa sobre o capital investido e seu retorno sobre os ativos. Você também deve saber se esses números do retorno tendem a subir ou a cair, ou se são estáveis. Por que se incomodar com esses retornos? Porque eles são medidas de lucratividade, e qualquer estratégia nova deve ser capaz de melhorá-los. Esses retornos representam o referencial com o qual deve ser comparada a contribuição de qualquer estratégia nova. Por exemplo, se o retorno atual sobre o capital investido da empresa é de 12% — e estável —, qualquer estratégia nova teria de melhorar essa medida de lucratividade.

Gerenciamento e cultura

Algumas empresas conseguem reconhecer quando uma mudança de direção é necessária e têm a competência gerencial e a cultura organizacional indispensáveis para a mudança de sucesso. Outras, não. Foram necessários muitos anos, por exemplo, para que a gerência da General Mortos (GM) reconhecesse a séria ameaça representada pelos concorrentes asiáticos. Depois que os executivos da empresa ficaram atentos à ameaça, seus planos para a mudança foram prejudicados por uma organização grande, fábricas instaladas e contratos de trabalho que dificultaram a mudança e a tornaram dolorosamente lenta. Os funcionários e críticos gostavam de brincar que a GM estava em "movimento glacial".

Como a GM, toda empresa estabelecida enfrenta problemas de flexibilidade e adaptabilidade em um grau maior ou menor. Anos de prática naturalmente moldam o pensamento gerencial e as formas organizacionais à exigência da estratégia existente. Essa é uma virtude, desde que a estratégia tenha sentido, mas é uma desvantagem em potencial quando não tem. Assim, quando procurar pelos pontos fortes e fracos internos, faça esta pergunta: A empresa está "pronta para a mudança"? Uma empresa pronta para a mudança é flexível e preparada, pela estrutura e cultura, para descartar o que não está funcionando e absorver as estratégias capazes de resultados melhores. Uma empresa pronta para a mudança tem as seguintes características:

- Os gerentes são respeitados e eficazes.
- As pessoas se sentem pessoalmente motivadas com a mudança.
- A organização não é hierárquica.
- As pessoas estão acostumadas a trabalhar solidariamente.
- Existe uma cultura de responsabilidade pelos resultados.
- O desempenho é recompensado.

As empresas com essas características estão em boa situação para implementar uma nova estratégia; as que carecem delas enfrentam um desafio mais difícil.

Um método para avaliar os pontos fortes e fracos internos

Enquanto alguns pontos fortes e fracos de uma empresa podem ser quantificados (por exemplo, retorno sobre os ativos), muitos outros não podem. Algumas pessoas podem dizer, "Nossa empresa recompensa o desempenho", enquanto outros funcionários da mesma empresa podem dizer o contrário. Para concatenar essas percepções diferentes, você precisa de um método que envolva muitas pessoas com visão crítica que representem diferentes funções na organização. Sua avaliação coletiva pode ser mais precisa do que a de um ou dois indivíduos brilhantes que vêem as coisas de sua perspectiva estreita. Como observou James Surowiecki em seu perceptivo livro *The Wisdom of Crowds*, "Se você reunir um grupo bastante grande e diversificado de pessoas e pedir a elas para 'tomar decisões que afetem questões de interesse geral', as decisões do grupo serão, com o tempo, 'intelectualmente superiores à dos indivíduos isolados', independente de seu grau de inteligência ou informação."[1] Você também precisa de um método para organizar essa inteligência coletiva, que oferecemos em nove passos práticos.[2]

- **Passo 1: Escolha uma pessoa para servir de facilitador da análise.** Essa pessoa deve ser alguém que os outros respeitem e em quem confiem. Ela também deve ser vista como objetiva e não compromissada com nenhum campo em particular dentro da empresa.

- **Passo 2: Crie uma equipe SWOT de indivíduos reconhecidos de diferentes setores da empresa.** Como o facilitador, os membros da equipe devem ser confiáveis e respeitados por seus colegas e ter uma reputação de objetividade e honestidade.

- **Passo 3: Faça o *brainstorming* dos pontos fortes da empresa ou da unidade.** Percorra o ambiente e solicite idéias de todos. Considere as competências essenciais, a situação financeira e a cultura gerencial e organizacional, como descrevemos anteriormente. Também dê atenção às capacidades de liderança e tomada de decisão, inovação, velocidade, produtividade, qualidade, serviço, eficiência e processos de tecnologia aplicada.

- **Passo 4: Registre todas as sugestões em um *flip chart*.** Evite repetir as opiniões. Deixe claro que algumas questões aparecem em mais de uma lista. Por exemplo, uma empresa ou unidade pode desfrutar alguns pontos fortes no serviço ao cliente, mas ter alguns pontos fracos nessa área também. A essa altura, a meta é obter o maior número possível de idéias no *flip chart*. A avaliação desses pontos fortes acontecerá posteriormente.

- **Passo 5: Consolide idéias. Coloque todas as páginas do *flip chart* em uma parede.** Embora possam ter sido feitos todos os esforços para evitar a repetição de entradas, sempre haverá alguma coincidência. Consolide os pontos duplicados perguntando ao grupo que itens podem ser combinados sob o mesmo tópico. Resista à tentação de exagerar na consolidação — agrupando montes de idéias sob um só tema. Em geral, isso resulta em falta de foco.

- **Passo 6: Esclareça as idéias.** Percorra a lista consolidada item por item e esclareça quaisquer pontos sobre os quais os participantes tenham indagações. É útil reiterar o significado de cada item antes de discuti-lo. Prenda-se à definição de pontos fortes. Controle qualquer impulso de falar de soluções nessa etapa do processo.

- **Passo 7: Identifique os três maiores pontos fortes.** Às vezes os três maiores pontos fortes são óbvios. Nesse caso, teste simplesmente o consenso. Caso contrário, dê aos participantes alguns minutos para que escolham suas principais questões e votem nelas. Permita que cada membro da equipe dê de três a cinco votos (três, se a lista de questões tiver dez itens ou menos, cinco se ela for mais extensa). Identifique os três itens principais. Se houver empates ou a primeira votação não for conclusiva, discutam os itens mais votados na primeira vez e votem novamente.

- **Passo 8: Resuma os pontos fortes da empresa.** Depois que os três principais pontos fortes forem decididos, resuma-os em uma única folha do *flip chart*.

- **Passo 9: Repita os passos 2 a 6 para os pontos fracos da empresa ou unidade.** Como os pontos fortes, as áreas de vulnerabilidade de uma empresa ou unidade incluem as competências essenciais, as finanças, o gerenciamento e a cultura, as capacidades de liderança, as capacidades de tomada de decisão, a velocidade, a inovação, a produtividade, a qualidade, o serviço, a eficiência e a tecnologia.

(Observação: Você pode usar esse mesmo método para colher *insights* coletivos sobre ameaças e oportunidades, como descrevemos no capítulo anterior sobre análise externa. Você pode querer ampliar a equipe SWOT para incluir pessoas de fora da empresa: um fornecedor que conheça intimamente o setor e com quem você trabalha regularmente, um consultor com ampla experiência no setor e assim por diante.)

Depois de concluir os nove passos, sua equipe SWOT deve compilar as descobertas em um relatório formal para uso da alta gerência, de planejadores estratégicos e de outras partes interessadas. E se você fez o mesmo para a análise externa, sua empresa estará pronta para criar uma estratégia.

Resumo

- Uma competência essencial é um fundamento em potencial para qualquer estratégia nova ou revisada.
- Uma competência só é significativa quando comparada com a dos concorrentes.
- Avalie os atuais pontos fortes financeiros de sua organização antes de pensar em estratégia. Uma nova estratégia pode ser de implementação dispendiosa, em especial se envolver a compra de ativos ou a aquisição de outra empresa.
- A competência gerencial e a cultura organizacional são necessárias para a mudança estratégica bem-sucedida.

- Determine se a empresa está pronta para a mudança procurando por estas características: gerentes respeitados e eficazes; pessoas pessoalmente motivadas para a mudança; organização não hierárquica; pessoas acostumadas a trabalhar solidariedade; cultura de responsabilidade pelos resultados; e desempenho recompensado.
- Não dependa de uma ou duas pessoas para fazer uma análise interna. Em vez disso, reúna um pequeno grupo de pessoas objetivas que represente diferentes setores da organização. Faça com que elas usem o processo de nove passos delineado anteriormente.

3

Tipos de estratégia

Qual delas combina com a sua empresa?

Principais tópicos abordados neste capítulo

- *Estratégia de liderança de baixo custo e como fazê-la funcionar*
- *Diferenciação de um produto ou serviço — até uma mercadoria — de forma a criar valor real para os clientes*
- *Estratégia de relacionamento com o cliente e seis abordagens para torná-la valiosa para os clientes*
- *A estratégia do efeito de rede: o vencedor leva tudo*
- *Determinação da abordagem estratégica correta para você*

VEJA OS MUITOS livros sobre estratégia de negócios e você encontrará uma infinidade de contextos de estratégia: liderança de baixo custo, diversificação, fusão-aquisição, global, foco no cliente, liderança de produto, integração vertical, flexibilidade, diferenciação de produto/serviço e assim por diante. O que são essas estratégias? E agora que você delineou o cenário externo e os pontos fortes e fracos da sua empresa, como determinar qual é a melhor e mais adequada estratégia a ser aplicada?

No fundo, toda entidade que procura o lucro tem a mesma meta: identificar e buscar uma estratégia que lhe dê uma posição defensável e lucrativa em um segmento do mercado. Esse segmento, por opção, pode ser grande ou pequeno. Ele pode produzir lucros altos em um pequeno número de transações, ou lucros baixos em cada um dos milhões de vendas. Pode envolver relacionamentos superficiais com muitos clientes ou profundos relacionamentos de longo prazo com apenas alguns poucos. Não importa quais estratégias adotem, essas empresas também tentarão aumentar a margem de lucro — isto é, a diferença entre o que os clientes estão dispostos a pagar e o custo da empresa para fornecer seus bens ou serviços.

Este capítulo descreve quatro estratégias básicas: liderança de baixo custo, diferenciação de produto/serviço, relacionamento com o cliente e efeito de rede. É difícil encontrar uma estratégia de negócios que não seja uma dessas ou sua variação.

Liderança de baixo custo

A liderança de baixo custo preparou a estrada para o sucesso de muitas empresas. Os varejistas de desconto nos Estados Unidos, como a E.J. Korvette e a finada Kmart, arrebanharam partes significativas do mercado de varejo de lojas de departamentos tradicionais e lojas de especialidades quando apareceram nas décadas de 1950 e 1960. Seu sucesso deveu-se a sua capacidade de fornecer bens a preços baixos; e elas desenvolveram essa capacidade mantendo suas estruturas de custo muito mais baixas do que as dos concorrentes tradicionais. Essas primeiras lojas de descontos foram deslocadas, por sua vez, pela Wal-Mart e a Target, que foram ainda mais eficazes na operação de uma estratégia de baixo custo.

Nesta estratégia, o produto ou serviço em geral é o mesmo oferecido pelas rivais. Pode ser uma *commodity*, como aço laminado ou fiação elétrica doméstica, ou pode ser algo prontamente disponível por intermédio de outros vendedores. Os itens vendidos pela Wal-Mart, por exemplo, podem ser obtidos em muitos outros locais, alguns na mesma rua — pilhas Duracell, binóculos Minolta, câmeras Canon, filme fotográfico Kodak, jeans Wrangler, roupa íntima Hanes, lâminas de barbear Gillette, canetas Bic. Então, por que tantas pessoas na América do Norte vão à Wal-Mart e à Target para comprar esses itens, em geral passando de carro pelos vendedores locais? Porque elas acreditam que conseguirão os mesmos itens mais baratos. E elas em geral conseguem. A Wal-Mart, em particular, foi criada tendo essa vantagem do baixo custo como parte essencial de sua estratégia geral.

A chave para o sucesso no uso da estratégia de baixo custo é fornecer o nível de valor esperado pelo cliente a um custo que garanta um nível adequado de lucratividade. Considere a Figura 3.1, adaptada de um modelo apresentado por Adam Brandenburger e Harborne Stuart. A distância vertical entre a disposição dos clientes de pagar (linha superior) e o custo de fornecer o produto (linha inferior) representa a faixa de preços dentro da qual cada empresa deve operar. Também representa o valor agregado pela empresa, de acordo com a percepção dos clientes. Para produtos de *commodity* ou indiferenciados, a extensão entre essas linhas é estreita. E a linha superior — o que os clientes estão dispostos a pagar — em geral é fixa. Assim, para estabelecer uma lucratividade maior, o vendedor deve empurrar mais para baixo a linha de custo de fornecimento. Ele em geral tentará fazer isso por meio da eficiência operacional, pressionando os fornecedores a baixar os preços, entre outras formas. Esse é o jogo que a Wal-Mart vem fazendo com sucesso por tantos anos. Ela espreme os custos de sua cadeia de fornecedores mais do que qualquer outra grande varejista.

FIGURA 3.1
Valor esperado

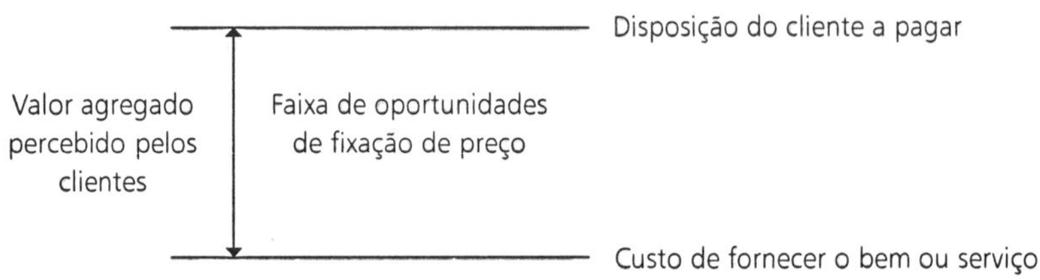

É fácil pressupor que a estratégia de liderança de baixo custo só pode ser aplicada a produtos físicos: jeans, tintas, toneladas de aço e assim por diante. Há, porém, muitos exemplos de estratégia de baixo custo no setor de serviços. Considere o Vanguard Group, uma empresa líder em gestão de investimentos. Fundada em 1975, a empresa fornece uma ampla gama de fundos mútuos e um nível muito alto de serviço ao cliente. Não há nada de particularmente extravagante na Vanguard ou em seus fundos. Embora parte deles, ativamente gerenciada, venha tendo o melhor desempenho a longo prazo, muitos são fundos de índices que objetivam reproduzir o retorno do mercado, e não "vencê-lo". Em muitos anos, esses fundos de índices passivos na verdade superam o desempenho do fundo gerenciado médio.

O que realmente destaca a Vanguard de outras famílias de fundos é a sua política de não cobrar comissão e o fato de que ela tem a proporção de despesa média mais baixa entre as famílias de fundos. Em 2003, por exemplo, a proporção de despesa média da Vanguard foi de apenas 0,25% dos ativos — menos de um quinto da proporção de despesa média do setor de fundos mútuos, de 1,38%. Isto tem o efeito de dar aos clientes da Vanguard um retorno anual maior do que 1,13% sobre seu dinheiro (sendo todas as outras condições iguais). Ao manter o custo de gerenciamento e das transações baixo, a Vanguard investe e reinveste mais o dinheiro de um cliente. E com o tempo, isso produz retornos melhores. O sucesso da Vanguard com essa estratégia ganhou aprovação entre investidores individuais e a tornou uma das maiores famílias de fundos dos Estados Unidos.

Para que a estratégia de baixo custo funcione

Como dissemos anteriormente, a chave para obter a liderança de baixo custo e manter os custos de fornecimento de bens e serviços mais baixos do que os da concorrência. Esse é um desafio constante, uma vez que os concorrentes estarão trabalhando arduamente para reduzir os custos a níveis inferiores aos seus. Mas pode ser alcançado por vários meios. Considere estes quatro:

MELHORIA CONTÍNUA DA EFICIÊNCIA OPERACIONAL. Os japoneses desenvolveram a filosofia do *kaizen*, ou melhoria contínua do processo, para ganhar a conhecida liderança na fabricação. O *kaizen* estimula todos, do gabinete do executivo à doca de embarque, a procurar por formas de melhorar incrementalmente o que estão fazendo. Uma melhoria de 1% aqui e de 2% ali rapidamente se somam com o tempo, dando à empresa uma extraordinária vantagem em custo. O conceito de *reengenharia de processo* tem como objetivo um resultado semelhante, mas o *kaizen* procura por melhorias incrementais no trabalho existente, enquanto a engenharia de processo quer a grande mudança inovadora — ou pela total reestruturação ou pela total eliminação de atividades existentes. Tanto o *kaizen* como a engenharia de processo têm impactos profundos sobre a eficiência operacional da fabricação e dos serviços.

EXPLORAÇÃO DA CURVA DE EXPERIÊNCIA. Os gerentes de produção sabem que as pessoas aprendem a fazer a mesma tarefa mais rapidamente e com menos erros quanto maior for a freqüência com que a fazem. Assim, uma cirurgia cardíaca que antes levava oito horas para ser concluída pode ser feita com sucesso em quatro horas à medida que uma equipe cirúrgica adquire cada vez mais experiência com o procedimento. E logo podem realizá-la em duas ou três horas. O mesmo é observado em ambientes de fabricação em que os gerentes e funcionários se concentram no aprendizado.

O conceito de *curva de experiência* sustenta que o custo de fazer uma tarefa repetitiva diminui em certa porcentagem a cada vez que dobra o volume cumulativo de produção. Assim, uma empresa que entra na curva de experiência antes de um concorrente pode, teoricamente, manter uma vantagem em custos. Considere as duas curvas de custo na Figura 3.2. As empresas A e B começaram no mesmo nível de custos e aprendem na mesma velocidade. Elas competem principalmente em preço. Mas A entrou no negócio primeiro e, por conseqüência, entrou em declive na curva de custo antes de sua rival B, mantendo sua vantagem de custo em cada ponto do tempo. No tempo T, por exemplo, a vantagem é de C. As alternativas da empresa B são: aprender em um ritmo mais rápido, aceitar uma desvantagem permanente em custo (e margem de lucro menor), ou sair do mercado.

UMA CADEIA DE FORNECEDORES IMBATÍVEL. Todo mundo conhece o modelo de negócios da Dell. Ela vende seus PCs diretamente aos consumidores, pulando o intermediário. Ela também monta esses PCs sob encomenda, eliminando assim o problema dispendioso de estoque de bens acabados, uma praga para as rivais que operam com modelos de negócios tradicionais. Ela não tem produtos acabados na prateleira que dia após dia tornam-se cada vez mais obsoletos, do ponto de vista técnico.

FIGURA 3.2
A curva de experiência

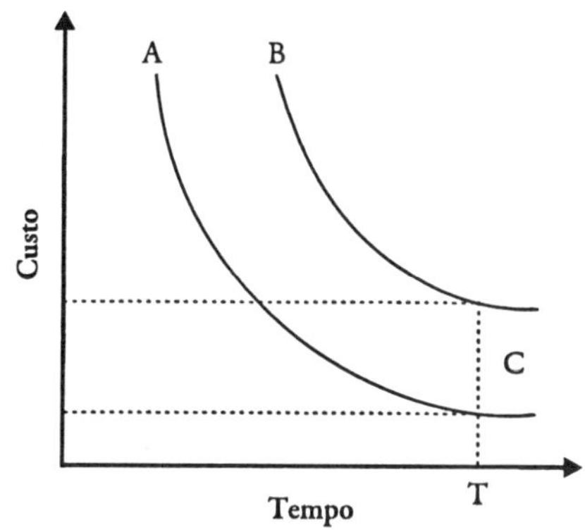

O que as pessoas muitas vezes não percebem sobre a Dell é a eficiência e a eficácia de sua cadeia de fornecedores. Esta cadeia inclui fornecedores de componentes, montadores e os serviços de logística da United Parcel Service. Todos são ligados digitalmente, de modo que as informações de pedidos podem ser imediatamente traduzidas em cronogramas de produção e entrega. A capacidade dessa cadeia de fornecedores de entregar um PC customizado na porta do cliente, em mais ou menos uma semana, possibilita eliminar o intermediário e os custos de estoque, dando à empresa a liderança em custos em seu setor. A Wal-Mart dá outro exemplo de uma empresa que comanda a liderança em custos pelo poder de sua cadeia de fornecedores.

REPROJETO DE PRODUTO. Em geral é possível conseguir enormes reduções de custo pelo reprojeto de produto. Por exemplo, na década de 1970, a Black & Decker, que fabrica ferramentas elétricas para o consumidor, viu-se concorrendo em pé de igualdade com empresas asiáticas de baixo custo. Ela possuía uma séria desvantagem em custos que não podia ser sanada sendo simplesmente mais parcimoniosa e eficiente. Era necessário algo mais drástico. A B&D reagiu reprojetando toda sua família de ferramentas elétricas *e* o processo de fabricá-las. No cerne da reforma de sua linha de produtos estava um motor elétrico simples que podia ser alterado de forma barata para fornecer energia a várias ferramentas de mão diferentes. Isto eliminou dezenas de tipos de motores, bem como a necessidade de produzir e armazenar centenas de componentes diferentes. A simplicidade da plataforma do produto essencial e a "fabricabilidade" possibilitou a produção de uma nova família de ferramentas com custos de mão-de-obra 85% mais baixos. O estoque e outros custos relacionados caíram em porcentagens semelhantes. A Société Micromécanique et Horlogère (Swiss Corporation for Microelectronics and Watchmaking Industries Ltd.) conseguiu resultados similares com a criação do relógio Swatch, que se baseou no desenvolvimento, pela empresa, de um cronômetro a quartzo, de plástico e confiável, que podia ser produzido em massa por uma fração mínima do custo de relógios tradicionais. Essa inovação em projeto possibilitou que a empresa suíça competisse e prosperasse em um mercado dominado pelos concorrentes asiáticos de baixo custo.

Nesses e em outros casos, o reprojeto de produto proporciona uma ferramenta eficaz para conseguir a liderança em custos.

A excelência operacional é parte importante da estratégia de liderança de baixo custo, mas é apenas parte dela. Como veremos posteriormente, tornar-se líder em baixo custo envolve mais do que ser avarento e eliminar a gordura dos processos de negócios. Acima de tudo, requer um plano bem pensado para estruturar a empresa. Considere esta analogia: se você quer ter o barco mais rápido de sua região, não se limite a encerar o casco e a treinar sua tripulação para conseguir o máximo da banheira flutuante que você chama de barco — em vez disso, construa um barco projetado, desde a quilha, para a velocidade. O equivalente nos negócios é estruturar a organização para obter a liderança em baixo custo.

Será a estratégia de baixo custo viável para sua empresa? Se assim for, o que terá de acontecer para que ela dê certo?

Diferenciação

Toda estratégia bem-sucedida trata de diferenciação, até mesmo a estratégia de liderança em baixo custo. "Podemos levá-lo de avião a Gênova por menos do que nossos concorrentes." "Ninguém vende mais barato do que a Auto City Sales." Mas, para a maioria das empresas, a diferenciação se dá de forma qualitativa, que o cliente valorize. Por exemplo, quando Thomas Edison começou a comercializar seu sistema de iluminação elétrica incandescente, os principais rivais eram as empresas locais de gás. Os dois métodos de iluminação eram eficazes, mas a abordagem de Edison tinha diferenças claras que a maioria dos clientes valorizava. Ao contrário dos lampiões a gás, a iluminação elétrica não aquecia as salas das pessoas nas noites quentes de verão. Ela era mais conveniente, exigindo apenas um toque no interruptor para acender e apagar. E ela suprimia um sério risco de incêndio em muitas situações. Edison tirou proveito dessas diferenças qualitativas enquanto atacava e eliminava a hegemonia das companhias de gás na iluminação urbana no final da década de 1800.

As empresas de hoje, da mesma forma, adotam *estratégias de diferenciação*. Considere o setor de automóveis. A Volvo usa a capacidade de seus veículos suportarem colisões para se distinguir. A Toyota tira proveito de sua reputação em qualidade e valor alto de revenda; mais recentemente, ela diferenciou seu modelo Prius com tecnologia de motor híbrido. A Mini Cooper praticamente grita "É divertido dirigir" para os compradores em potencial. A Porsche também se diferenciou, concentrando-se no desenvolvimento de carros esporte de alto desempenho — enquanto a GM pode oferecer um veículo para cada orçamento familiar, e a Toyota pode afirmar o alto nível de qualidade e confiabilidade, nenhuma das duas tem muito apelo para o pequeno número de motoristas que procuram por velocidade, agilidade e uma sensação de que podem correr o circuito de Les Mans. É o que a Porsche objetiva fornecer por meio de sua estratégia de diferenciação.

Diferenciação de um produto *commodity*

Até entre os produtos *commodities* os estrategistas têm descoberto e explorado oportunidades para diferençar-se. Embora o preço e as características de produtos possam ser idênticos, ainda é possível se diferençar com base no serviço.

O negócio de cimento é um exemplo. Cimento é cimento, não é? Essa é a realidade que a mexicana Cemex, a terceira maior fornecedora de cimento do mundo, está enfrentando. Cimento é um produto *commodity*. Todavia, a Cemex desenvolveu uma estratégia de entrega rápida e confiável que a diferencia qualitativamente de suas muitas rivais. Como descrevera David Bovet e Joseph Martha em seu livro sobre excelência na cadeia de fornecedores, a Cemex tornou-se uma potência do setor em muitos mercados porque adotou uma estratégia de produção e logística de alta tecnologia que consegue entregar seu produto no ato da compra em 98% das vezes, comparados aos 34% dos maiores concorrentes. Para construtoras que operam com cronogramas apertados, essa confiabilidade é muito valorizada, em especial quando uma entrega atrasada significa que dezenas de operários bem pagos ficarão parados sem fazer nada. "Essa superconfiabilidade", escrevem Bovet e Martha, "permite que [a Cemex] cobre um preço mais alto na maioria dos mercados, contribuindo para níveis de lucro 50% maiores do que os de seus principais concorrentes."[1] Nesse caso, a superconfiabilidade efetivamente diferençou um produto *commodity*. Algo semelhante pode ser conseguido pela oferta de mais suporte ao cliente.

Diferenciação eficaz

Sua empresa está seguindo uma estratégia de diferenciação? Se estiver, o que a distingue dos produtos e serviços dos rivais? Qualquer que seja a resposta, lembre-se de que a diferenciação só importa na medida em que *os clientes valorizem a diferença*. Talvez não todos os clientes, mas aqueles que você pretende alcançar. Se esses clientes verdadeiramente valorizam o que distingue seu produto ou serviço, ou eles (1) preferem sua oferta em detrimento de outras, ou (2) estão dispostos a pagar mais pelo que você oferece — ou (3), ainda, agem de acordo com uma combinação de 1 e 2. A experiência e a pesquisa de mercado são as melhores maneiras de determinar se sua diferença será valorizada pelos clientes.

Relacionamento com o cliente

Todo mundo sabe que você pode comprar uma câmera ou lente grande angular por um preço menor na Wal-Mart, na Best Buy ou em uma das outras grandes redes. O filme e a revelação também são mais baratos nessas lojas. Mas muitas pessoas ainda preferem lojas especializadas e independentes quando compram câmeras, acessórios e filmes. Da mesma forma, a Fantastic Sams, uma franquia americana, fornece ótimos serviços de cabeleireiro a baixos preços, e no entanto muitas — se não a maioria — das mulheres pagarão mais para ir ao cabeleireiro que vem cuidando de seus cabelos há muitos anos. Muitas mulheres, na verdade, podem ter um relacionamento mais longo com o cabeleireiro do que com os maridos! Nas palavras de uma delas, "Um marido é substituível — um bom cabeleireiro, não."

O que está acontecendo aqui? Por que tantos clientes pagam mais em lojas de câmera, cabeleireiros, livrarias, açougues e padarias do bairro, e a muitos outros vendedores de bens e serviços quando podem conseguir um preço mais barato em outro lugar? O motivo é que eles *valorizam* o relacionamento pessoal que estabeleceram com essas empresas, seus proprietários e seus funcionários. Esse relacionamento pode se justificar de muitas formas: fazer negócios com um rosto familiar; o fato de que o vendedor conhece os clientes e suas necessidades; ou a disposição do vendedor de explicar o produto, como usá-lo e os prós e contras de diferentes opções de compra. Estas são qualidades que não podemos encontrar *online*, em um catálogo de mala direta, nem na maioria das grandes lojas. Estes vendedores proporcionam uma transação, mas não um relacionamento.

Estratégia de relacionamento em ação: a USAA

Embora grandes empresas estejam em desvantagem na formação e execução de uma estratégia de relacionamento com o cliente, isto não é impossível. (Ver "Estratégia de foco — o que é diferente?" para outra forma de criar uma boa experiência com o cliente.) Considere o caso da USAA (United States Automobile Association). Não são muitos os leitores que terão ouvido falar dessa empresa de serviços financeiros listada na *Fortune 500*, embora ela gerencie 71 bilhões de dólares. Isso porque ela cuida exclusivamente de pequena fatia da população americana: militares da ativa e pessoal recrutado, a Guarda Nacional e oficiais da reserva e pessoal recrutado, candidatos a oficiais, bem como dependentes e ex-cônjuges dos citados anteriormente.

As pessoas no mercado-alvo da USAA, porém, conhecem muito bem a empresa, e grande porcentagem delas é cliente de seus serviços de banco, seguros e cartão de crédito. Entre os oficiais na ativa, a participação é de 90 a 95%. E porque é uma empresa mútua, os clientes também são co-proprietários.

Depois de décadas servindo a essa população, a USAA entende suas necessidades únicas de serviços bancários, de seguro e de aposentadoria. E ela sabe como lidar com o fato de que os oficiais militares são transferidos de um posto a outro em todo o mundo, com uma grande freqüência. Sua compreensão dos clientes é expressa de muitas maneiras que as pessoas apreciam. Por exemplo, quando os clientes são deslocados para o estrangeiro ou para uma zona de guerra, seus carros em geral ficam guardados por um ano ou mais; nestes casos, a USAA os incentiva a pedir a eliminação da cláusula de responsabilidade de suas apólices de seguro de automóveis. Nenhuma outra seguradora de carros pensaria em fazer isso. E ao contrário de outras seguradoras de vida, suas apólices não têm cláusula de exclusão de guerras. Os clientes da USAA sabem que uma apólice de seguro de vida total será paga se eles morrerem por *qualquer* motivo, inclusive serviços em tempo de guerra.

O estreito relacionamento da USAA com sua clientela militar e a compreensão de seu estilo de vida único pode ter sua origem identificada na fundação da empresa em 1922 por 25 oficiais do Exército que acharam difícil — devido a sua profissão e mobilidade — fazer um seguro de automóvel. Mesmo hoje, um número substancial dos executivos e funcionários da USAA é de ex-militares, e os funcionários que atendem os clientes recebem um extenso treinamento sobre as singulares necessidades financeiras dos militares.[2] O serviço personalizado é sua prioridade máxima.

Estratégia de foco — o que é diferente?

Muitos autores apontam para o foco como uma das estratégias genéricas. Como Michael Porter descreveu em seu livro, uma *estratégia de foco* é uma estratégia que "é formada para servir muito bem a um determinado alvo, e cada política funcional é desenvolvida com isso em mente".* Em muitos aspectos, a estratégia de foco e a estratégia de relacionamento com o cliente seguem de mãos dadas. É quase impossível desenvolver relacionamentos sérios com algo que não seja um segmento de clientes altamente focalizado e claramente objetivado, como no exemplo da USAA. Por outro lado, uma estratégia de foco pode existir de forma independente dos relacionamentos. Considere o caso da Cracker Barrel Old Country Store, uma cadeia nacional de restaurantes/lojas de presentes que se concentra em viajantes que gostam de alimentos tradicionais, em particular motoristas que viajam pelas rodovias interestaduais americanas. A Cracker Barrel oferece refeições e presentes no estilo rural em cada uma de suas lojas. Para estimular as visitas repetidas, o Web site da empresa inclui um "planejador de viagens" que identifica a localização de todas as lojas Cracker Barrel por qualquer via rodoviária. É pouco provável que muitos viajantes percebam qualquer ganho em relacionamento em suas visitas à Cracker Barrel, mas eles parecem apreciar a coerência do cardápio, o ambiente e as oportunidades de compra que ela oferece. Os clientes habituais sabem exatamente o que esperar dessas instalações, o que facilita a escolha de onde parar para fazer uma refeição para as pessoas em viagens longas pela estrada.

*Michael E. Porter, *Competitive Strategy* (Nova York: The Free Press, 1980), 38.

A USAA focaliza em um segmento de mercado muito mais estreito do que o de qualquer outra empresa da *Fortune 500*, mas esse foco e atenção aos relacionamentos com o cliente compensa em termos de crescimento de receita, lucratividade e satisfação do cliente. Em 2004, uma pesquisa de opinião entre investidores influentes colocou a USAA no topo, com uma pontuação de satisfação 8% maior do que a da TIAA-CREF, que também atende a um grupo de mercado altamente focalizado, e 73% mais alta do que a da Fidelity, que atende ao público em geral. Nesse mesmo ano, um levantamento realizado pela Forrester Research listou a organização na liderança entre as empresas de serviços financeiros por defesa dos clientes, que, de acordo com esse estudo, é a percepção dos clientes de que uma empresa está fazendo o máximo por eles, e não visando apenas à lucratividade. De acordo com o boletim da Forrester, "A USAA teve a pontuação mais alta em nossa classificação, em parte, porque ela focaliza na simplificação da vida do cliente por meio de experiências eficientes de atendimento telefônico. Muitos bancos importantes, por outro lado, estão na base de nossa classificação porque de seus clientes se sentem desvalorizados."[3]

Para fazer com que a estratégia de relacionamento com os cliente dê certo

Empresas como a USAA têm sucesso na medida em que os relacionamentos que forma com as pessoas agregam um valor real — de acordo com a percepção dos clientes. Este valor pode assumir muitas formas:

- **Simplificando a vida ou o trabalho do cliente.** O detentor de seguro de automóveis da USAA não precisa obter uma nova apólice sempre que é transferido para outro estado.
- **Benefícios contínuos.** A Microsoft ganha pontos de relacionamento por meio de sua prática de notificar aos usuários de software sobre atualizações críticas, que podem ser baixadas pelos clientes sem encargos.
- **Serviço personalizado.** Muitos hotéis de alto nível desenvolveram abordagens personalizadas para lidar com hóspedes habituais, armazenando informações de *check-in* e preferências dos clientes em seu banco de dados. Isto permite o

check-in expresso, dá aos clientes o serviço que eles querem e acrescenta um toque pessoal: "Bem-vindo de volta aos Hotéis XYZ, Sr. Jones. Temos um quarto para não-fumantes para o senhor. Ainda prefere receber o *Wall Street Journal* com seu café da manhã continental?"

- **Soluções customizadas.** Muitas empresas continuam a vender produtos e serviços genéricos; se você puder desenvolver a capacidade de customizar economicamente sua oferta de acordo com as exigências particulares dos clientes, formará uma ligação pessoal mais forte com eles.
- **Contato pessoal.** Em vez de canalizar as chamadas dos clientes para qualquer serviço que esteja disponível, nomeie para cada cliente estabelecido um gerente de contas; isto dá um toque pessoal no que seria uma transação impessoal.
- **Aprendizado contínuo.** Muitas empresas adotaram técnicas de GRC (Gestão de Relacionamento com o Cliente) para entender seus clientes mais fiéis e lucrativos e servir-lhes melhor. A GRC identifica pontos de contato entre o cliente e a empresa, e vê cada um deles como uma oportunidade de aprender mais sobre as necessidades dos clientes.

Uma estratégia baseada nos relacionamentos com os clientes pode produzir resultados poderosos e forte fidelidade do cliente. O risco, claro, é que muitos clientes professam grande afinidade com o toque pessoal mas voltam-se para vendedores de baixo custo quando somas altas estão em jogo. Como afirmou um proprietário de casa: "em geral prefiro a pequena loja de ferragens de meu bairro. O dono me conhece e eu posso contar com ele para ter conselhos quando tenho de consertar uma torneira que vaza, instalar ladrilho de cerâmica ou fazer outra tarefa. Mas quando se trata de grandes compras — ferramentas caras ou algo dessa natureza — eu acabo indo à Home Depot. Não posso pagar muito." Nesses casos, o desafio do vendedor é manter o controle das grandes compras.

Estratégia de efeito de rede

Quando foram vendidos, no final do século XIX, os primeiros telefones não eram particularmente úteis. Uma pessoa só podia ligar para um dos poucos proprietários da nova engenhoca. Mas a utilidade do telefone cresceu à medida que um número cada vez maior de lares, lojas e escritórios se uniram à rede telefônica. Isso se chama *efeito de rede* — um fenômeno em que o valor de um produto aumenta à medida que mais produtos são vendidos e a rede de usuários cresce.

Como estratégia, o efeito de rede é novo. Talvez seu praticante e beneficiário mais óbvio seja a eBay, a empresa de leilões *online*. A eBay começou como um *hobby* de seu fundador, Pierre Omidyar, que desenvolveu um software e um sistema *online* que permitiam que as pessoas cadastrassem itens novos e usados de todos os tipos para leilão. O site de leilões de Omidyar não foi o primeiro *online*, mas foi o primeiro a se tornar amplamente popular, e essa popularidade acelerou ainda mais o efeito de rede. Os compradores afluíam para a eBay porque o site tinha mais vendedores, e os vendedores cadastravam seus itens na eBay porque ela atraía a maioria dos compradores. Esse círculo vicioso rapidamente fez do site de Omidyar o site de leilões *online* dominante, e ele continua a sustentar o crescimento extraordinário da eBay.

Não há evidências de que Omidyar e seus colegas tenham começado com uma estratégia de efeito de rede implícita. Simplesmente aconteceu. Porém, o sucesso inicial os estimulou a usar a maré alta de receita para manter a bola rolando, o que fizeram por meio de investimentos pesados em desenvolvimento de site, serviço ao cliente, reconhecimento de marca e várias aquisições estratégicas.

O sucesso com uma estratégia de efeito de rede depende muito da capacidade da empresa de sair na frente e se tornar a provedora dominante. Ao fazer isso, muito pouco espaço fica disponível para os concorrentes, motivo pelo qual alguns a chamam de *estratégia do vencedor leva tudo*. A eBay rapidamente dominou seu setor. A Microsoft fez o mesmo com seu sistema operacional Windows, embora a maioria dos usuários de computador experientes concorde que o sistema operacional da Macintosh, desenvolvido pela Apple Computer, mais fácil para o usuário, seja superior ao Windows. Mas a Apple manteve seu sistema operacional atrelado à Macintosh, enquanto a Microsoft permitiu que o sistema operacional fosse instalado nas máquinas de todos os fabricantes de PCs. Assim, uma vez que a maioria dos PCs operava com o Windows, a maioria dos softwares era baseada em Windows. E porque a maioria dos softwares era baseada em Windows, mais pessoas compravam PCs equipados com o sistema operacional Windows. Até o presente momento, ninguém rompeu esse círculo vicioso.

Este capítulo apresentou quatro estratégias gerais. Cada uma delas foi um bilhete premiado para várias empresas. É possível que uma ou outra — ou uma variação delas — seja adequada para sua empresa. Mas qual delas? Procure a resposta na missão de sua empresa, em suas metas e no que você conseguiu aprender por meio da análise interna e externa, como descrevemos na Figura 3.3. Pense na missão como o estabelecimento de fronteiras dentro das quais você pode procurar uma nova estratégia. Sua metas ditam a realização que a estratégia deve ser capaz de conseguir. Depois use a análise SWOT para identificar ameaças e oportunidades, bem como as capacidades correntes da organização. Esses três fatores — analisados por pessoas que sabem e compreendem os muitos aspectos de seu setor — o orientarão para a escolha certa.

Você deve entender, porém, que qualquer opção de estratégia envolve um equilíbrio entre opostos. Se você escolher focalizar em um conjunto seleto de clientes, como no exemplo da USAA, terá de desistir da idéia de servir ao mercado geral mais amplo. Como alertou Michael Porter, "As empresas que procuram ser todas as coisas para todos os clientes (...) correm o risco de confusão nas trincheiras à medida que os funcionários tentam tomar decisões de operações diárias sem um contexto claro".[4] Assim, se você quiser ser o varejista de baixo custo em seu campo, não tente criar uma cadeia de butiques especiais para atender a clientes de alto nível. Você vai confundir o mercado e a si mesmo — e provavelmente perder um monte de dinheiro.

FIGURA 3.3
Qual estratégia é a melhor?

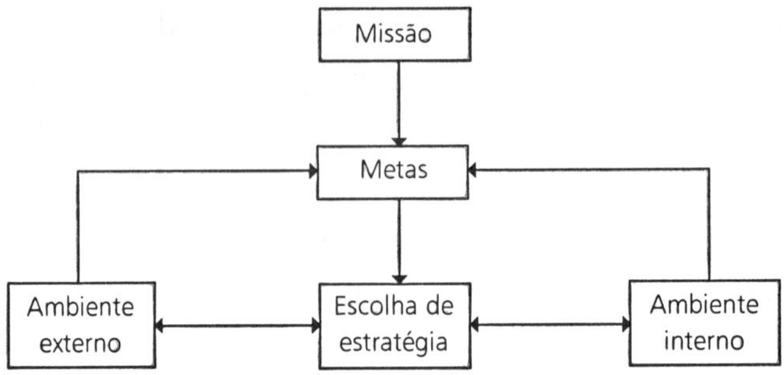

Acima de tudo, certifique-se de que sua opção de estratégia esteja alinhada com o principal mercado de clientes que você planeja abordar. Esse pode ser o fator mais crítico na criação da estratégia. Mantenha sempre à vista o mercado de clientes que você escolheu e certifique-se de que seus colegas façam o mesmo. O alinhamento entre estratégia e clientes é absolutamente essencial.

Resumo

- Como estratégia, a liderança em baixo custo é mais adequada em setores em que os concorrentes oferecem essencialmente um produto ou serviço do tipo *commodity.*
- A melhoria contínua na eficiência operacional, a reengenharia de processo, a exploração da curva de experiência, o poder da cadeia de fornecedores e o reprojeto de produto estão entre os métodos usados para chegar à liderança em baixo custo.
- Uma estratégia de diferenciação distingue o produto ou serviço daqueles dos rivais de uma forma qualitativa.

- Os produtos *commodity* são aqueles com características, qualidade e preço-padrão — e podem ser diferençados dos produtos dos rivais por meio de entrega mais rápida e mais confiável e/ou mais suporte ao cliente.
- Os fortes relacionamentos com clientes podem ser usados para reter clientes que de outra forma gravitariam para os provedores de baixo custo.
- Para ser eficaz, uma estratégia de relacionamento com o cliente deve proporcionar algo que os clientes valorizem — por exemplo, algo que simplifique a vida ou o trabalho deles, tenha benefícios contínuos, serviço personalizado ou soluções customizadas.
- O efeito de rede é um fenômeno em que o valor de um produto aumenta à medida que mais produtos são vendidos. As empresas que procuram essa estratégia (ou se beneficiam dela) conseguem ter sucesso na medida em que podem sair na frente e se tornar o provedor dominante de um produto ou serviço, como o *site* de leilões *online* da eBay ou o sistema operacional Windows da Microsoft.
- Qualquer que seja a estratégia que você considerar, procure sempre pelo alinhamento entre a estratégia e seu mercado-alvo de clientes.

4

Movimentos estratégicos

Os mecanismos do sucesso

Principais tópicos abordados neste capítulo

- *A conquista de uma cabeça-de-ponte em território ocupado*
- *O uso da inovação para superar barreiras à entrada*
- *Aplicação dos princípios da estratégia do judô*
- *A conquista de entrada no mercado por meio de diferenciação do produto*
- *A criação e depois dominação de um novo mercado*
- *Como se desviar de barreiras de entrada mediante aquisição*

O CAPÍTULO ANTERIOR identificou os tipos de estratégia mais comuns: a liderança em baixo custo; diferenciação de produto/serviço; relacionamento com o cliente (e foco); e efeito de rede. Há muito mais na estratégia do que decidir que versão ou variante destas estratégias é melhor para sua empresa. Este capítulo dá continuidade à discussão, indicando como a estratégia pode ser usada para entrar e construir posições defensáveis no mercado. Ele explora vários movimentos estratégicos em potencial. A discussão aqui é seletiva devido à natureza "essencial" deste livro. Mas deve levar você a pensar no que sua empresa pode realizar.

A conquista de uma cabeça-de-ponte de mercado

No clássico livro sobre estratégia militar, *Da guerra*, Carl von Clausewitz disse aos leitores do século XIX que "Onde não é possível a superioridade absoluta, você deve produzir uma superioridade relativa no ponto decisivo, fazendo um uso habilidoso do que você tem". O conselho de von Clausewitz nos lembra de que o estrategista deve contar com as realidades do mercado e a existência de empresas concorrentes, algumas das quais terão maiores poder de mercado e recursos financeiros.[1] Isso significa que uma empresa deve apostar em um ponto fraco do concorrente ou no que seja improvável que o concorrente revide, ou não vá conseguir revidar com eficácia. A estratégia escolhida, então, deve ter em vista essa situação.

Considere o caso do setor de automóveis americano durante as décadas de 1960 e 70. Nenhum dos fabricantes nacionais da época era qualificado para produzir veículos pequenos e eficientes em combustível. Isso não era o resultado de inaptidão da engenharia; simplesmente não havia demanda forte o bastante por carros pequenos nos Estados Unidos. O preço do combustível em relação à renda era muito baixo, e a maioria dos clientes gostava de veículos mais espaçosos. Além disso, os lucros sobre os poucos carros pequenos produzidos ou vendidos na América — em termos de margem e de dólares absolutos — eram muito mais baixos do que aqueles obtidos com veículos maiores. Os fabricantes de automóveis de Detroit se perguntavam: "Por que nos incomodarmos com os carros pequenos?" Todavia, uma parcela do mercado migrava para os carros pequenos, mais baratos e eficientes em combustível. O Beetle (o Fusca) da VW já se tornara uma espécie de febre entre os estudantes, os tipos despojados e anti*establishment*.

Logo em seguida, a Datsunb, a Fiat e a Renault se uniram à VW e levaram seus veículos pequenos e econômicos para o segmento inferior do enorme mercado americano, no qual eles tinham, nas palavras de Clausewitz, superioridade relativa, e praticamente não encontravam oposição dos fabricantes nacionais. A Toyota, a Mitsubishi, a Honda e outros se seguiram e conseguiram se estabelecer. A escassez de combustível e os picos de preço da década de 1970 deram a esses fabricantes de carros pequenos um enorme impulso e condições de ascender a segmentos maiores e mais lucrativos. A Figura 4.1 indica como os produtores estrangeiros, em particular os da Ásia, moveram-se estrategicamente de suas cabeças-de-ponte iniciais para diferentes segmentos de mercado, principalmente o intermediário. Na década de 1990, alguns desses fabricantes estavam lançando carros como o Lexus para desafiar o segmento superior de sedãs, de alta lucratividade, e fizeram o mesmo em outra categoria em rápido crescimento, a de utilitários leves.

FIGURA 4.1
Movendo-se para além da cabeça-de-ponte

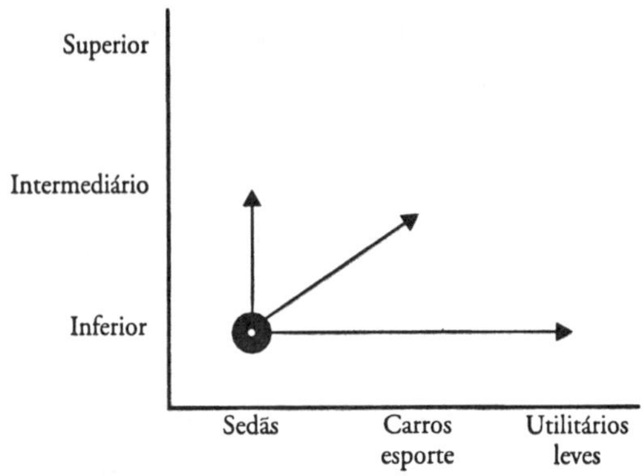

Os fabricantes de relógios asiáticos seguiram uma abordagem semelhante no início da década de 1970 quando entraram no segmento inferior do mercado de relógios pessoais, em que as vendas por unidade eram potencialmente maiores mas os lucros eram pequenos, e a oposição das empresas dominantes era fraca. Os fabricantes de relógios de precisão não estavam dispostos a desafiar as empresas asiáticas naqueles mercados de baixas margens, e ficaram satisfeitos de se retirar para os segmentos superiores de altos lucros do mercado. Depois de estabelecerem uma cabeça-de-ponte, porém, os recém-chegados ao mercado desenvolveram produtos também para aqueles segmentos de alto lucro, obrigando produtores europeus e americanos estabelecidos a competir com mais intensidade, ou se curvar.

A lição nos dois exemplos é a de seguir o conselho imortal de Clausewitz e mirar a ponta afiada da lança naquilo em que eles os rivais são fracos ou fazer aquilo em que eles não estão interessados. Esse conselho pode ser aplicado em quase todos os setores. Sam Walton, por exemplo, não partiu em pé de igualdade com a Sears ou a J.C. Penney, as gigantes do varejo de sua época. Em vez disso, ele situou suas novas lojas Wal-Mart em pequenas cidades que não eram servidas por essas rivais formidáveis.

Pense por um momento nos segmentos de seu setor. Trace um mapa semelhante ao da Figura 4.1. Quais são os segmentos vulneráveis em que você pode estabelecer uma cabeça-de-ponte? Depois que a cabeça-de-ponte estiver estabelecida, o que é necessário para expandi-la a segmentos adjacentes mais lucrativos?

Entrada no mercado por meio de inovação de processo

Algumas barreiras de entrada não podem ser contornadas como descrevemos aqui; devem ser confrontadas diretamente. Isso pode ser dispendioso e perigoso se fizermos o mesmo jogo dos concorrentes estabelecidos, e provavelmente vai enfraquecer tanto o atacante como o defensor. A melhor abordagem é levar uma inovação ao mercado — algo que transformará os pontos fortes dos rivais em pontos fracos.

Por exemplo, quando começou a pensar em entrar no mercado de aço laminado, a Nucor Corporation enfrentou rivais imensos e já consolidados que haviam investido bilhões nas enormes instalações necessárias para produzir aço laminado a taxas competitivas. A Nucor não podia fazer estes investimentos e ainda ganhar dinheiro. Sua solução foi desenvolver uma abordagem inteiramente nova e mais eficaz em custos para fabricar o mesmo produto. Mais especificamente, ela licenciou uma tecnologia alemã não comprovada para "fundição contínua", o Santo Graal dos produtores de aço por mais de cem anos, e fez com que essa tecnologia funcionasse. Em seguida, ela decidiu usar refugo de aço como matéria-prima. Os grandes produtores eram integrados verticalmente; eles mineravam ferro bruto da terra, depois o embarcavam para altos-fornos, onde blocos do tamanho de colchões de aço eram vertidos e formados. Estes blocos, por sua vez, percorriam quilômetros de máquinas fresadoras e fornalhas de reaquecimento que aos poucos reduziam-nos a tiras longas e finas de aço. A Nucor pulou todas essas etapas altamente capitalizadas e com uma demanda intensa de mão-de-obra em favor de uma fornalha elétrica que podia fundir refugo em aço derretido na medida necessária.

No final, a recém-chegada Nucor conseguiu produzir aço de mesma qualidade a um custo mais baixo por meio do poder da inovação de processo. Essa vantagem tornou a Nucor bem-sucedida e lucrativa. Graças a suas "miniusinas" inovadoras, ela se tornou a maior produtora de aço dos EUA e é consistentemente lucrativa em um setor infestado de grandes oscilações na demanda do cliente. Seu retorno sobre o capital investido é de atordoantes 25%. As grandes siderúrgicas, por sua vez, descobriram que seus pontos fortes — enormes instalações e força de trabalho, operações de mineração e assim por diante — agora eram pontos fracos.

A Nucor não está sozinha entre as empresas que usaram a inovação de processo para conseguir entrar no páreo de rivais maiores e mais consolidadas. Nem sua estratégia é reservada a pequenos iniciantes. A Pilkington Glass, por exemplo, tornou-se dominante no setor de vidro laminado por meio do desenvolvimento bem-sucedido do processo de "vidro plano". Como a Nucor, ela descobriu um método de fundição contínua que reduziu o tempo de fabricação e os custos em vários graus de magnitude.

Quer sua empresa seja de produto ou serviço, a inovação de processo pode ser seu bilhete para entrar ou conquistar a hegemonia no mercado-alvo. Você ou outra pessoa em sua empresa já pensou bem nesta abordagem?

Aplicando a estratégia do judô

Os mestres do judô usam princípios de movimento, equilíbrio e alavancagem para derrotar oponentes mais poderosos. David Yoffie e Mary Kwak incorporaram esses princípios no que denominam *estratégia do judô*. Eles afirmam que os executivos podem usar estes princípios à medida que confrontarem concorrentes maiores e mais fortes. Como eles dizem aos leitores, "O movimento tira o equilíbrio de seus concorrentes e neutraliza suas vantagens iniciais. O equilíbrio o ajuda a se envolver com a competição e a sobreviver a um ataque. E a alavancagem lhe permite derrubar o oponente. Quando usados em conjunto, esses três princípios o ajudarão a derrotar rivais de qualquer porte."[2] Aqui estão alguns exemplos dos três princípios de Yoffie e Kwak em ação:

Princípio 1: Movimento

Esse princípio estimula o estrategista a evitar ações, como um desafio direto, que convidariam a um ataque de rivais mais poderosos. A Capital One empregou o que Yoffie e Kwak descrevem como a "manobra do cachorrinho", evitando o ataque pelo desenvolvimento de seu negócio de forma a não atrair atenção indesejada. Por exemplo, quando a empresa fez uma nova oferta a outro segmento do mercado de cartão de crédito, ela não anunciou a oferta nem falou com a imprensa sobre seus planos. Simplesmente mandou milhares de malas diretas a possíveis interessados. Mesmo que interceptassem várias dessas correspondências, o Citibank e outros grandes concorrentes não tinham como saber da intenção da Capital One.

O princípio do movimento também orienta os estrategistas a se voltar para as oportunidades às quais os oponentes parrudos e de movimento lento são incapazes de reagir. As grandes empresas, como as grandes siderúrgicas no caso da Nucor, acumularam substanciais ativos físicos, métodos de produção, contratos de mão-de-obra e relacionamentos com os clientes. Estes ativos dificultavam a mudança. Elas não podiam simplesmente se livrar deles. Elas careciam de flexibilidade. As pequenas empresas recém-chegadas não têm os músculos dos grandes concorrentes, mas podem se mover com mais rapidez ao se voltarem para novas oportunidades de mercado e adotarem novos processos. Neste sentido, elas evitam o confronto direto com rivais poderosos.

Princípio 2: Equilíbrio

O sucesso por meio do movimento por fim levará uma empresa a se confrontar com um grande oponente. Nesses casos, Yoffie e Kwak recomendam evitar uma situação em que eles simplesmente se enfrentem diretamente. Esse é um jogo fracassado para a empresa menos poderosa. Quando atacada, seu conselho de judô é "empurrar quando for puxada", usando a força do atacante para conquistar sua posição.

Eles dão o exemplo da Drypers, que estava tentando arduamente se estabelecer como fabricante de fraldas infantis. O Golias do setor, a Procter & Gamble, inundara o Texas com cupons para subjugar a introdução da Drypers naquele mercado importante. "Incapaz de fazer frente à campanha promocional da P&G (...) a Drypers simplesmente aceitou os cupons da rival. Quanto mais cupons a P&G distribuía, mais fraldas a Drypers vendia."[3] Na realidade, a Drypers tornou-se a beneficiária do dispendioso programa promocional de sua rival.

Princípio 3: Alavancagem

De acordo com Yoffie e Kwak, o estrategista de judô aplica a alavancagem transformando os pontos fortes do oponente em pontos fracos. Isto pode ser conseguido pela criação de conflito entre um concorrente e seus aliados — levando-os a brigar entre eles em vez de brigarem com você. Também pode ser conseguido fazendo-se algo que transforme os ativos do rival em desvantagens. Eles dão o exemplo da Freeserve, a maior provedora de serviços pela Internet do Reino Unido, que enfrentou a concorrência terrível da AOL. A AOL tinha investido pesadamente em marca, conteúdo e serviço ao cliente. Usando um modelo de negócios muito diferente, a Freeserve conseguiu oferecer — como diz seu nome — acesso gratuito à Internet. "[Este movimento] forçou a AOL a tomar uma decisão dolorosa: ou emparelhava com a Freeserve, destruindo portanto sua margem de lucro, o negócio essencial de alto custo, ou se prendia à estratégia e veria sua participação de mercado cair."[4]

Os princípios da estratégia do judô são adequados para você? Se você for pequeno ou novo, ou se estiver entrando em território dominado por uma rival poderosa, eles devem ajudar. Mas antes que você tente, aprenda os detalhes dos princípios e as táticas de aplicação no livro dos autores.

Entrada no mercado por meio de diferenciação do produto

A diferenciação de produto é outra estratégia para conquistar posição no mercado. O inventor Edwin Land e a empresa que ele fundou, a Polaroid, fez isto no negócio de imagem fotográfica. Durante a década de 1950, quando Land estava desenvolvendo sua tecnologia, o negócio de fotografia já estava maduro. A Kodak dominava o setor e muitos de seus nichos. Land nunca avançaria produzindo sua própria marca de filmes e câmeras tradicionais; este mercado já era bem servido. Então ele diferenciou seu produto, criando um filme capaz de se revelar sozinho em um minuto. Isto era uma novidade. Era diferente. E distinguiu os produtos da Polaroid. A fotografia instantânea foi um grande sucesso entre muitos consumidores, tanto que permitiu que a empresa de Land florescesse por várias décadas.

Para ser bem-sucedida, a diferenciação de produto deve ser valorizada pelos clientes-alvo. Isto é bem óbvio. Mas ela também deve ser protegida por patentes ou direitos autorais que tornam sua reprodução difícil ou impossível para os rivais. George Eastman, fundador da Kodak, chegou ao veio principal com sua inovação do filme fotográfico em um rolo de celulose. Mas Eastman deu um passo adiante. Entendendo com que facilidade seu produto podia ser reproduzido por terceiros, ele o protegeu e ao equipamento desenvolvido para fabricá-lo com uma série de patentes invioláveis. Essa proteção ajudou a empresa a delimitar e dominar o setor de filme fotográfico por gerações.

O nível de sucesso de Eastman é difícil de ser reproduzido. A maioria das diferenciações de produto tem sorte se consegue alcançar um monopólio de mais de dois ou três anos. Considere a experiência de Minnetonka Corporation, uma pequena empresa sediada no Minnesota, que lançou um produto chamado "Soft Soap" em um mercado amadurecido e dominado por enormes corporações nacionais. O Soft Soap vem em uma garrafinha plástica com uma bomba manual. Sabonete líquido para as mãos não é física quântica. Qualquer um com um pequeno laboratório e conhecimento rudimentar de química pode desenvolver uma versão comercializável dele. Na realidade, o primeiro sabonete líquido desenvolvido nos Estados Unidos recebeu patente em 1865. Mais de um século depois, em 1980, a Minnetonka introduziu e registrou sua própria versão, que foi um grande sucesso. Qualquer um dos grandes produtores-distribuidores de sabonete — empresas que controlavam o espaço em prateleira em lojas de varejo em todo o continente — podia ter introduzido uma versão rival e sufocado a inovadora iniciante em uma maré alta de promoções e incentivos à venda. Mas a Minnetonka tinha tomado medidas para se proteger no curto prazo, comprando todo o suprimento de bombas plásticas necessárias para os *dispensers* de sabonete líquido. Isto manteve a concorrência afastada por algum tempo. Por fim, em 1987, a Minnetonka Corporation vendeu seu negócio de sabonete líquido à Colgate Company, que ampliou a marca com muitas variações do produto.

Crie e domine um novo mercado

Você está lutando para acompanhar ou superar o desempenho de seus rivais em custo, qualidade ou características? Esse pode ser um jogo de cartas marcadas. Inventar um mercado totalmente novo, em que nenhum concorrente se aventurou ainda, pode ser uma abordagem melhor. (Ver "Libertando-se da velha fórmula".) E se você satisfizer nichos essenciais desse novo mercado com bons produtos ou serviços, chegará a um nível de liderança que ergue grandes barreiras de entrada para os outros.

Considere a Sony, que concebeu o mercado para aparelhos de som estéreo pessoais e um produto para atendê-lo: o Walkman. Introduzido em 1979, o Walkman deu aos clientes um ótimo som a um preço baixo, em uma pequena embalagem que podia ser levada no bolso do casaco ou em uma pasta, ou presa à cintura durante o *jogging*. Nenhum *microsystem* podia rivalizar com isso. Milhões de pessoas indo e voltando do trabalho, fãs de música, praticantes de *jogging* e pessoas presas em cubículos de escritório de nove às cinco da tarde os compraram. Para atender aos muitos segmentos desse novo mercado, e portanto conquistar a hegemonia, a Sony introduziu versões diferentes do Walkman, quase todas baseadas na mesma plataforma do produto: uma versão esportiva mais resistente, outra que incluía rádio AM/FM e assim por diante. E embora os rivais logo lançassem as próprias versões no mercado, a Sony permaneceu líder e continuou a introduzir novos modelos.

Libertando-se da velha fórmula

O sucesso em geral é uma barreira para a inovação de mercado porque ele impõe uma fórmula que a paralisa, assim como a mudança. Por exemplo, no final da década de 1970, o mundo da computação era dominado por computadores *mainframe* poderosos e a IBM era líder do setor. Assim, quando os computadores pessoais começaram a aparecer, não houve muito interesse dentro da IBM. As pessoas com influência organizacional e grandes orçamentos, que entendiam da produção de grandes computadores e de sua distribuição por meio de arrendamentos corporativos, eram partidárias do *mainframe*. O computador de mesa e a venda de pequenas máquinas baratas a indivíduos eram idéias exóticas na IBM. A única maneira de a empresa poder colocar seu primeiro PC no mercado era por um *skunk work* de engenheiros instalados em Boca Raton, na Flórida, longe do centro de poder da empresa.

Às vezes a melhor abordagem para se libertar da velha fórmula e se voltar para um novo mercado é uma nova subsidiária ou nova unidade operacional que tenha autonomia substancial — e nenhum livro de regras.

O que a Sony realizou décadas atrás hoje foi superado pela Apple iPod, um sistema de som digital de bolso capaz de armazenar milhares de arquivos de música. Eles estão se tornando um item "obrigatório" para amantes da música de todos os gêneros. Entre seu lançamento no mercado em outubro de 2001 e o final de 2004, os consumidores arrebanharam 5,7 milhões de unidades. "É um dos presentes eletrônicos de maior demanda para as festas de fim de ano", declarou um porta-voz da Best Buy, uma importante varejista de eletrônicos, em dezembro de 2004.

Como a Sony, a Apple começara a oferecer variantes do iPod para diferentes segmentos de mercado, todos baseados na plataforma básica do produto. No final de 2004, estas incluíam o iPod Photo, um dispositivo capaz de armazenar milhares de arquivos de foto *e* de música, e a edição especial iPod U2, que vinha pré-carregada com todas as músicas gravadas pela popular banda de rock. O iPod "Mini", de baixo preço, foi lançado no início de 2005 com um grande sucesso.

Para criar um novo mercado, mude seu pensamento, saindo da construção e fabricação de produtos e passando a algo mais básico: satisfazer as necessidades mais prementes dos clientes de novas maneiras. Pergunte, "O que podemos oferecer aos clientes se esquecermos de tudo o que sabemos sobre as regras atuais de nosso setor e suas tradições? Como podemos combinar as vantagens de ofertas a vários setores para proporcionar um novo valor para os compradores?"

Jogar fora o livro de regras e começar com um quadro em branco não é fácil — em especial se você foi bem-sucedido de acordo com estas regras —, mas é a única maneira de pensar seu rumo para mercados novos, sem concorrentes.

Comprando sua entrada

Às vezes a forma mais rápida e mais segura de entrar em um novo mercado ou expandir substancialmente em um mercado existente é comprar por meio de uma aquisição estratégica, fusão ou parceria de *joint-venture*. Considere este exemplo:

A fabricante sediada no Reino Unido reconhecia vários países industrializados da Ásia como oportunidades de expansão. Ela mandou pessoal de Londres para o Japão, a Coréia do Sul e a China para abrir representações de vendas, mas todos voltaram de mãos abanando. Depois ela tentou montar acordos de venda e distri-

buição com empresas locais, mas estas iniciativas também não geraram resultados. Por fim, ela decidiu que a abordagem mais frutífera seria formar uma nova empresa com um sócio asiático. Este sócio conhecia o mercado, tinha uma rede de distribuição estabelecida e entendia as exigências culturais para o sucesso nos negócios no mercado-alvo. Sob os termos de uma joint-venture, *a empresa do Reino Unido entraria com dois terços do capital necessário e embarcaria os bens para um depósito de propriedade dos sócios em Hong Kong. O sócio asiático distribuiria os bens junto com os próprios produtos, e teria o crédito por toda a venda de produtos do Reino Unido. Esta, por sua vez, embarcaria alguns dos produtos feitos na Ásia ao sócio do Reino Unido, que os distribuiria ao máximo, ficando com uma parcela de todas as vendas.*

Um acordo de *joint-venture* é uma das muitas abordagens à entrada em um mercado. Cada uma das partes leva ao empreendimento algo de que o outro necessita, e cada uma delas objetiva extrair uma parcela dos benefícios. Como uma forma de entrar em um mercado desconhecido, quase sempre é mais rápida do que seguir sozinho. Também proporciona oportunidades de aprendizado para os sócios.

Outra abordagem é simplesmente comprar uma empresa que faz um produto ou serve a um mercado que é adequado a seu plano estratégico. O Fleet Bank expandiu suas operações no nordeste dos Estados Unidos, durante a década de 1990 e os primeiros anos do novo século, por meio de uma estratégia agressiva de aquisições. Por sua vez, ele foi devorado pelo Bank of America, sediado em Charlotte, na Carolina do Norte, que tinha a mesma meta. Em um *front*, diferente, a eBay adquiriu a casa de leilões Butterfield & Butterfield como parte de sua estratégia de consolidar rapidamente o máximo "espaço" possível de leilões. Depois ela comprou a Kruse International, uma líder de vendas de automóveis para colecionadores, com o mesmo propósito.

Nesses casos, os estrategistas enfrentam a clássica decisão: criação *versus* compra. E talvez você também a enfrente.

Comprar pode ser o caminho mais rápido para atingir sua meta, mas não há garantias para o sucesso. Na realidade, várias pesquisas sobre aquisições indicam um nível muito alto de decepção, se não de completo fracasso. No curso da pesquisa para seu livro *Good to Great*, o escritor Jim Collins pediu a um de seus associados para determinar o papel de grandes fusões e aquisições na criação de resultados excepcionais. Como descreveu Collins aos leitores de sua coluna no *Times*, "(...) embora se possa comprar o caminho para o crescimento, não se pode comprar o caminho para a grandeza". Pior ainda, "Duas grandes mediocridades unidas nunca fazem uma grande empresa". Enquanto as empresas medíocres não têm sucesso na busca da grandeza por meio de atividades de fusões e aquisições, as boas empresas (na definição de Collins) descobrem que suas melhores aquisições passam em três testes de tornassol: (1) a aquisição acentuou o que a empresa fazia melhor do que as outras empresas; (2) a aquisição melhorou um poderoso motor econômico preexistente; e (3) a aquisição "ajusta-se à paixão impulsionadora das pessoas da empresa".[5]

Este capítulo descreveu algumas abordagens práticas à entrada nos mercados. Talvez uma delas seja adequada à sua situação. O universo dessas abordagens só é limitado pela imaginação humana. Esteja ciente, porém, de que a gama de possibilidades estratégicas é limitada por restrições práticas. Por exemplo, como descrevemos anteriormente, a Sony e a Apple tiveram sucesso na criação de novos mercados e atenderam a nichos-chave com produtos imaginativos, mas poucas organizações de negócios têm o talento criativo, o conhecimento do cliente, o capital financeiro e a possibilidade técnica para fazer o mesmo. De igual modo, uma estratégia de entrada no mercado baseada em uma *joint-venture* pressupõe que quem toma a iniciativa tem algo de especial a oferecer ao parceiro de empreendimento. Nem toda empresa é assim.

Desse modo, considere os movimentos estratégicos descritos aqui, mas pense também em sua capacidade de adotar qualquer um deles. Quais são as restrições sobre sua capacidade de fazer um movimento estratégico? O que pode ser feito para que essas restrições sejam relaxadas?

Resumo

- Conquistar e garantir uma cabeça-de-ponte de mercado — mesmo em um segmento inferior ou superior — pode deixá-lo em condições de expansão para segmentos mais atraentes e lucrativos.
- Quando as barreiras à entrada no mercado são assustadoramente altas, evite um ataque direto dispendioso. Em vez disso, procure desenvolver um processo novo e superior para fazer o que os rivais entrincheirados estão fazendo.
- A estratégia do judô, conceitualizada por David Yoffie e Mary Kwak, baseia-se em três princípios: movimento, equilíbrio e alavancagem. Cada um deles é útil quando se compete com empresas maiores e mais fortes.
- Para ser bem-sucedida, a diferenciação de produto deve ser valorizada pelos clientes-alvo. Para proporcionar uma posição defensável, ela também deve ser protegida por patentes ou direitos autorais que dificultem ou impossibilitem sua reprodução pelos rivais.
- As aquisições e *joint-ventures* oferecem outros movimentos estratégicos para entrar ou se expandir em um mercado. Mas cuidado — elas costumam resultar em decepção ou fracasso.

5

Da estratégia à implementação

A busca de alinhamento

Principais tópicos abordados neste capítulo

- *As profundas diferenças entre criação e implementação de estratégia*
- *Alinhamento para a implementação*
- *Os elementos da implementação bem-sucedida: pessoal, incentivos, atividades de apoio, estrutura organizacional, cultura e liderança*

MUITOS EXECUTIVOS GOSTAM de elaborar estratégias. A análise SWOT envolve muito trabalho árduo mas, depois que é realizada, esses executivos podem fazer o papel de general de gabinete desenvolver iniciativas ousadas para flanquear os rivais, capturar clientes e conquistar mercados. A estratégia, porém, não passará de fogo de palha se uma atenção igual ou maior não for dada ao trabalho mais difícil e menos glamouroso da implementação. A *implementação* descreve as medidas concretas que traduzem a intenção da estratégia em ações que produzem resultados. A implementação requer atenção gerencial contínua em todos os níveis. Ao contrário da criação de estratégia, que é orientada para a empresa e o mercado, a implementação é orientada para as operações. A excelência na implementação é absolutamente essencial e capaz de proporcionar recompensas enormes. (Ver "Duas atividades muito diferentes" para saber as características que definem estratégia em comparação com implementação.)

Considere o caso da Herman Miller, Inc. A empresa com sede em Michigan é líder no setor de móveis de escritório na América do Norte e vende para as maiores corporações. No início da década de 1990, sua liderança reconheceu que as pequenas empresas representavam um mercado em rápido crescimento que não era atendido. Ao contrário dos clientes corporativos de bolsos recheados, estas pequenas empresas controlavam cada centavo e tinham ciclos de planejamento curtos; elas estavam menos interessadas nas incontáveis opções de características da Miller para estações de trabalho, mesas, cadeiras e tecidos do que em móveis de escritório que fossem relativamente baratos e entregues com rapidez e no prazo.[1]

Duas atividades muito diferentes

As diferenças entre criação e implementação de estratégia são profundas. Até o vocabulário usado para descrevê-las é muito diverso.

Criação de estratégia	**Implementação**
Análise e planejamento	Execução
Refletir	Fazer
Iniciar	Dar seguimento
No topo	De cima para baixo
Empresarial	Operacional
Estabelecer a meta	Realizar a meta

A gerência da Herman Miller reagiu, em 1995, com uma nova estratégia que tinha como objetivo fornecer a estes clientes menores um leque limitado de móveis de escritório básicos e produzidos em massa que fossem adequados a suas necessidades. Esta foi uma ótima estratégia para um segmento de mercado em crescimento, porém foi preciso mais do que as boas intenções para que a estratégia tivesse sucesso. As operações dentro da Herman Miller tiveram de mudar. Não podia simplesmente atirar pedidos das pequenas empresas clientes nas máquinas existentes e esperar que entregassem o que fora prometido. Mas o que precisava ser feito?

Os gerentes da empresa abordaram o problema da implementação primeiro recuando e olhando seus processos essenciais correntes, do pedido ao atendimento, entrega e instalação dos produtos acabados. Baseada nesta análise, eles potencializaram uma nova unidade de operações enxuta, que chamaram de SQA (*simple, quick, affordable*: simples, rápido e barato). Também criaram uma nova cadeia de fornecedores para a SQA, capaz de cumprir a promessa que a empresa fizera aos clientes. Todos os participantes dessa cadeia, inclusive vendedores externos, eram ligados por um novo sistema de informação de última geração que garantia velocidade e precisão. Os gerentes e supervisores em seguida puseram mãos à obra, certificando-se de que todos — da equipe de vendas ao pessoal da montagem e de entrega e instalação — entendessem a importância de ser rápidos, sem erros e de respeitar o prazo.

Os esforços da Herman Miller produziram resultados excepcionais. Depois que a implementação foi concluída e aprimorada pela prática, a SQA reduziu o ciclo normal do pedido à entrega — de seis a oito semanas, a média do setor — para duas semanas ou menos. A entrega no prazo e sem erros, que as operações tradicionais da Miller conseguiam em apenas 70% das vezes, estabilizou-se em mais de 99%. Melhor ainda, as vendas da SQA cresceram 25% ao ano, três vezes a média do setor.

Contamos a história da Herman Miller para assinalar uma questão importante: a estratégia, sem uma implementação eficaz, não tem sentido. Alguns acreditam que a estratégia é na verdade menos importante do que a implementação, já que a estratégia está se tornando uma *commodity* em muitos setores — algo que qualquer rival pode reproduzir. Nesse caso, a estratégia não é um instrumento de diferenciação. O que importa mais do que a estratégia, na opinião deles, é a capacidade de executar excepcionalmente bem. Jeffrey Pfeffer, de Stanford, coloca desta forma: "É mais importante gerenciar certo seus negócios do que estar no negócio certo."[2] O sucesso, de acordo com ele, vem da implementação bem-sucedida de uma estratégia, e não de ter a estratégia apenas. É claro que o ideal é ter uma ótima estratégia e uma implementação de destaque!

Ir da estratégia à implementação requer atenção a várias questões de estrutura, pessoal e recursos. (Ver "O contexto dos sete S" para obter um modelo possível para a implementação da estratégia.) Qualquer estratégia de sucesso deve ser formada em torno de um conjunto coerente e fortalecedor de práticas e estruturas de apoio. A maioria das pessoas chama a isto de *alinhamento*. Para uma empresa, um alinhamento é uma situação em que as estruturas, os sistemas de apoio, os processos, as habilidades humanas, os recursos e os incentivos da organização dão apoio às metas estratégicas. Em seu excelente livro sobre este tema, George Labovitz e Victor Rosansky identificam quatro elementos de alinhamento: estratégia, processos, pessoal (funcionários) e clientes. "Quando os quatro elementos de alinhamento estão simultaneamente conectados", escrevem eles, "cada elemento é apoiado e fortalecido pelos outros (...) e acontecem ótimas coisas."[3]

Declarar uma estratégia não irá muito longe se você não alinhá-la às muitas coisas grandes e pequenas que constituem o modo como sua empresa opera. As empresas que deixam de realizar o alinhamento não conseguem os resultados que procuram. Este capítulo examina os elementos de alinhamento que devem ser considerados pelos implementadores.

O contexto dos sete S

Com o passar dos anos, foram feitas tentativas de criar um modelo para a implementação bem-sucedida da estratégia. Um dos primeiros — e melhores — apareceu em *The Art of Japanese Management*, de autoria de Richard Pascale e Anthony Athos e publicado em 1981. O modelo dos autores foi adotado pela McKinsey & Company, uma organização global de consultoria em estratégia. Os "S" nesse contexto são *Strategy, Structure, Systems, Style, Staff, Skills* e *Superordinate goals* (Estratégia, Estrutura, Sistemas, Estilo, Equipe, Habilidades e Metas Superorganizadas). Se quiser aprender mais sobre este contexto para a implementação da estratégia, veja *Managing on the Edge*, de Richard Pascale. (Ver "Leituras adicionais", no final deste livro, para os detalhes bibliográficos.)

Os elementos do alinhamento da estratégia envolvem pessoal, incentivos, atividades de apoio, estrutura e cultura organizacionais e a liderança da empresa, como representamos na Figura 5.1. Observe na figura como cada elemento é alinhado com as metas estratégicas e com cada um dos outros elementos, formando uma plataforma sólida para a implementação e o sucesso posterior.

FIGURA 5.1
Alinhamento para a implementação

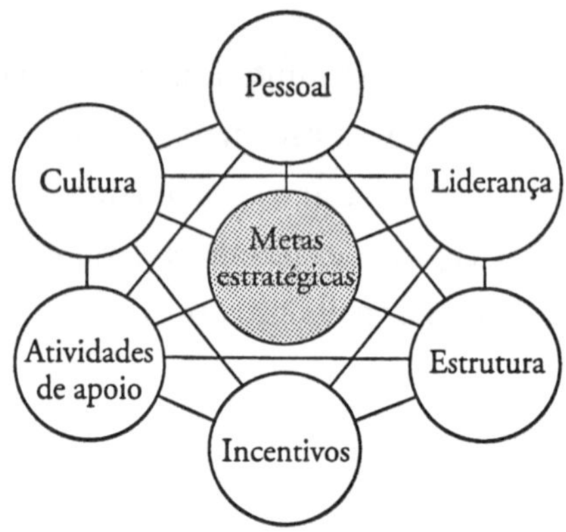

Pessoal e incentivos

Cada gerente e cada funcionário — do gabinete executivo às docas de embarque — devem estar envolvidos na implementação. A alta administração tem a responsabilidade de transmitir a intenção estratégica aos funcionários, e os gerentes devem reiterar essas intenções e traduzi-las de forma a aplicá-las ao trabalho de seus subordinados. A gerência deve também garantir que a empresa tenha:

- Pessoas com as habilidades certas para tornar a estratégia bem-sucedida (isto é realizado mediante a contratação e o treinamento).
- Pessoas com atitudes que apóiem a estratégia.
- Os recursos de que as pessoas precisam para fazer bem seu trabalho.

Nem sempre as empresas conseguem o pessoal certo para a implementação. O consultor e escritor Dwight Gertz descreveu uma empresa que operava uma cadeia de lojas de biscoitos frescos em shoppings e outras áreas de trânsito intenso em todos os Estados Unidos. Anos de experiência ajudaram a gerência a aprender que biscoitos assar, quando fazê-lo, em que quantidades. Seus executivos sabiam que se os gerentes de loja simplesmente seguissem os procedimentos operacionais publicados, as vendas e os lucros viriam — como sempre vinham.

Infelizmente, o departamento de recursos humanos da empresa de biscoitos anunciou a busca de candidatos para gerente de loja com o slogan "Seja seu próprio chefe". Não é de surpreender que isso tenha atraído gente empreendedora que queria administrar as coisas à própria maneira — o que seria ótimo em algumas situações, mas não naquela. As pessoas não seguiram a fórmula de sucesso da empresa, e não nos surpreende que a lucratividade tenha despencado onde os novos recrutas empreendedores administravam as lojas. Eles faziam os biscoitos errados, ou faziam poucos ou demais em diferentes momentos do dia ou da semana.[4]

Nesse caso, a empresa tinha uma estratégia sólida e um conjunto comprovado de procedimentos operacionais. Mas seu processo de seleção de pessoal saiu de alinhamento: ela estava contratando pessoas que não tinham temperamento para seguir esses procedimentos. A mentalidade de funcionários-chave não estava alinhada com a fórmula da empresa de ganhar dinheiro; em vez disso, estava neutralizando o poder da fórmula da empresa.

Os incentivos são outra parte importante do aspecto pessoal da implementação — e talvez o fator mais importante na implementação de modo geral. Se não tiverem verdadeiros incentivos para implementar a estratégia, os funcionários não vão se comprometer com ela, e a estratégia provavelmente fracassará. Já trabalhou em uma situação em que havia poucos incentivos para atingir as principais metas da empresa? Uma empresa de serviços financeiros, por exemplo, queria se diferenciar dos concorrentes locais prometendo serviços de planejamento financeiro de alta qualidade, fornecidos por pessoal que lidava com clientes de alto nível. Em um campo em que todos os concorrentes ofereciam basicamente os mesmos produtos e serviços, esta estratégia objetivava atrair os clientes mais valiosos (isto é, indivíduos e famílias de renda líquida alta). Para implementar a estratégia, esta empresa precisava de funcionários que tivessem treinamento e experiência substanciais em planejamento financeiro. Infelizmente, o sistema de incentivos da empresa não conseguiu dar sustentação à estratégia. As pessoas com treinamento avançado não recebiam mais do que os colegas; nem sua maior experiência era recompensada. Por conseqüência, funcionários altamente treinados e experientes para lidar com clientes saíram para ingressar em outras empresas — onde suas habilidades recebiam um pagamento maior. Foram substituídos por pessoal inexperiente, uma prática que solapou a estratégia da empresa. (Ver "O problema de falar-fazer" para ter um exame mais detalhado da falta de alinhamento entre estratégia e implementação.)

A melhor garantia da implementação é um sistema de recompensa que alinhe os interesses dos funcionários com o sucesso da estratégia. Isto nada mais é do que bom senso. Para tanto, cada unidade e cada funcionário deve ter metas de desempenho mensuráveis com recompensas claramente declaradas para a realização da meta. E as recompensas devem ser grandes o bastante para incitar o nível desejado de esforço dos funcionários.

Qual peso sua empresa dá ao aspecto pessoal na estratégia? Ela tem programas de incentivo e práticas de recursos humanos que apóiem mensuravelmente a estratégia? Ela tem práticas de contratação e treinamento com o objetivo de obter o pessoal correto com as habilidades certas em cargos onde possam fazer a diferença? Ela tem um problema de falar-fazer?

O problema de falar-fazer

A falta de alinhamento entre os incentivos e a estratégia em geral resulta do que os especialistas da Mercer Human Resources Consulting descrevem como problema de "falar-fazer". Uma empresa fala uma coisa, mas faz outra. Como descrito em um estudo de medição de capital humano, estes especialistas citam o exemplo de uma empresa de alta tecnologia que alardeou sua política de pagamento por desempenho. O exame dos dados dos recursos humanos da empresa, porém, indicou algo inteiramente diferente: só 5% do pagamento total estavam diretamente relacionados ao desempenho individual. Na realidade, as pessoas no quartil inferior do desempenho estavam obtendo quase a mesma bonificação anual que recebiam os funcionários de alto desempenho da empresa.

Contradições semelhantes de falar-fazer foram encontradas em outras empresas. Em todos os casos, os mecanismos de incentivo não davam apoio às estratégias e metas explícitas da organização. Sua empresa sofre do mesmo problema de falar-fazer?

Fonte: Haig Nalbantian, Richard Guzzo, Dave Kieffer e Jay Doherty, *Play to Your Strenghts* (Nova York: McGraw-Hill, 2004), 36-43.

Atividades de apoio

A falta de alinhamento no *front* de recursos humanos é um obstáculo comum à implementação eficaz. Mas existem outros, inclusive atividades que poucos de nós considerariam essenciais ao sucesso de uma determinada estratégia. A estratégia no nível corporativo, de acordo com os professores de Harvard David Collis e Cynthia Montgomery, "é um sistema de partes interdependentes. Seu sucesso depende não só da qualidade dos elementos individuais, mas também de como os elementos se reforçam mutuamente".[5] Michael Porter usou o exemplo da Southwest Airlines para ilustrar como o sucesso é mais provável quando muitas atividades aparentemente sem relação reforçam-se umas às outras e à estratégia geral: "A vantagem competitiva da Southwest vem do modo como suas atividades se encaixam e se reforçam."[6] Por exemplo, a estratégia da empresa é competir com base no baixo custo e serviço freqüente. Como ilustra a Figura 5.2, muitas atividades primárias tornam a estratégia viável, e são apoiadas por outras atividades. Manter os preços das passagens muito baixos, por exemplo, é uma atividade primária da estratégia; ela é apoiada pela utilização alta da aeronave, o uso limitado de agentes de viagens, uma frota padronizada de aviões, equipes de terra com alta produtividade, e assim por diante. Na ausência de qualquer uma dessas atividades relacionadas, a estratégia de baixo custo da Southwest estaria em risco. Mas, juntas, elas a fazem funcionar. Os rivais tradicionais da Southwest periodicamente vêm tentando imitar sua estratégia, oferecendo baixas tarifas e partidas freqüentes, mas devido à falta de atividades de apoio, todos fracassam. De acordo com Porter, "As atividades da Southwest se complementam mutuamente de forma que criam valor econômico real (...). É desta maneira que a aptidão estratégica gera vantagem competitiva e lucratividade superior".[7]

FIGURA 5.2
Sistema de atividade da Southwest Airlines

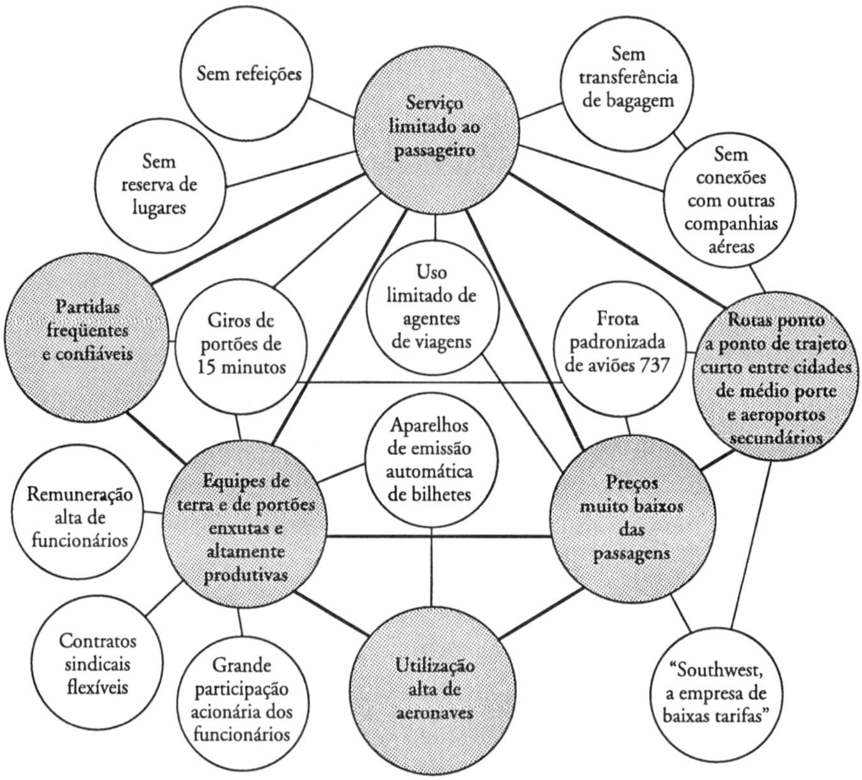

Fonte: Michael E. Porter, "What Is Strategy", *Harvard Business Review*, novembro-dezembro de 1996, 73. Reproduzido com permissão.

Reserve um minuto para analisar sua própria estratégia e se perguntar: quanto ela é apoiada pelas outras atividades-chave da organização? Por exemplo, se o atendimento rápido e preciso de pedidos é um elemento-chave de sua estratégia — como no caso da Herman Miller, que descrevemos anteriormente — você ia querer coordenar vendas, processamento de pedidos, fabricação e entrega, e livrá-los de erros e desperdício de tempo. A contratação, o treinamento, a logística, a fixação de preços e outras atividades criam um sistema de apoio entrosado para a estratégia? Se não, o que pode ser feito para ligar com mais eficácia a estratégia a estas atividades de apoio?

Estrutura organizacional

Os líderes militares de sucesso sempre organizaram suas forças segundo as estratégias de batalha. Nos primeiros dias da Segunda Guerra Mundial, por exemplo, os comandantes do Exército alemão optaram por uma estratégia de *blitzkrieg* — uma guerra altamente móvel ou "relâmpago". Essa estratégia tinha como objetivo contra-atacar a estratégia de guerra de trincheira estática que seus rivais belgas e franceses realizaram durante a Primeira Guerra Mundial. A velocidade, a surpresa, o apoio aéreo e o poder concentrado de unidades blindadas de rápido movimento foram os principais elementos da nova estratégia alemã. Em vez de caminhar a partir de posições fixas em uma longa batalha de atrito — como ambos os lados fizeram na Primeira Guerra Mundial — os alemães pretendiam penetrar ou flanquear as defesas fixas do inimigo, causando estragos e colapso na retaguarda inimiga. Em alguns casos, pára-quedistas seriam lançados na retaguarda ou nos flancos do inimigo para gerar um resultado semelhante.

Essa nova estratégia de campo de batalha exigia uma nova organização. Em vez do modelo tradicional de dispor uma pequena unidade blindada em apoio à infantaria muito maior, os papéis foram invertidos. Os blindados formaram a ponta da lança; a infantaria, a artilharia e as unidades de abastecimento foram organizadas em seu apoio. Cada uma dessas unidades de apoio era mecanizada para acompanhar o ritmo dos blindados de rápido movimento, e todas eram ligadas pelas comunicações de campo.

A estratégia de *blitzkrieg* foi determinante para as vitórias alemãs no início da Segunda Guerra Mundial. O general americano George Patton foi um dos primeiros militares no lado dos Aliados a apreciar seu poder, e ele tem o crédito de reorganizar suas forças para fazer frente aos exércitos móveis alemães na África do Norte, na Sicília e na França, e derrotá-los.

Embora muitos executivos gostem de estabelecer analogias militares com o que estão fazendo, os negócios não são uma guerra. Todavia, o exemplo militar de reorganização pessoal e material em apoio a uma nova estratégia é instrutivo e útil. Nossa história inicial sobre a Herman Miller deixa claro que esta empresa não teria tido sucesso na estratégia de entrega rápida e confiável de estações de trabalho e móveis de escritório produzidos em massa sem uma reorganização de seus ativos humanos, de fornecedores e de fabricação. Como toda outra empresa que busque agilidade e velocidade, a Miller teve de transferir o trabalho para uma unidade enxuta e não-hierárquica em que as decisões de produção podiam ser tomadas rapidamente e monitoradas com mais eficácia.

Reserve um minuto agora para pensar na organização de sua empresa. As pessoas, os recursos ou as unidades estão alinhados com a estratégia da empresa? E quanto a sua própria unidade? A estratégia da empresa criou metas para sua unidade — elas são a sua contribuição para a estratégia de alto nível. Sua unidade é organizada de forma ideal para realizar estas metas? Se não, o que você pode fazer para conseguir isto?

Cultura e liderança

A cultura e a liderança são os últimos elementos da implementação da estratégia que você deve considerar. Elas devem apoiar a estratégia e o trabalho diário de sua implementação.

A literatura de negócios faz referência constante à cultura da empresa. Temos, por exemplo, muitas referências à cultura de inovação da 3M e sua Regra dos 15%, que permite que o pessoal de P&D passe 15% de seu tempo procurando colocar em prática idéias que sejam atraentes, desde que tenham algum potencial comercial. Também ouvimos falar da cultura de dedicação à satisfação do cliente e da redução de custos da Wal-Mart. E existe a cultura mais brincalhona, colegial e do "posso fazer" da eBay.

Cultura refere-se aos valores, às tradições e ao estilo operacional de uma empresa. É uma daquelas qualidades vagas que são difíceis de medir ou descrever com precisão, mas que entretanto existem e dão a tônica para o comportamento dos gerentes e dos funcionários. De certa forma, o termo descreve como as pessoas vêem seu ambiente de trabalho e como as coisas são feitas. Uma empresa pode ser altamente masculina e orientada para a engenharia, orgulhando-se de sua tradição em inovação técnica e solução de problemas, e operar com um estilo de comando e controle. A cultura de outra empresa, por sua vez, pode ser de gênero neutro, qualidade de serviços acima de tudo, e operar de maneira colegial e não hierárquica.

Uma forma de entender a cultura de uma empresa é perguntar "quem são seus ícones e que histórias as pessoas contam sobre eles". Esses ícones podem ser supervendedores, ou mestres da organização, como Alfred Sloan da General Motors. A 3M Company, com sede em St. Paul, conta com Dick Drew e William McKnight entre seus heróis, e embora essas pessoas tenham saído de cena há muitas décadas, os atuais funcionários sabem quem elas foram, reconhecem suas contribuições e contam suas histórias.

Dick Drew, que desenvolveu as fitas adesivas de celofane e crepe nas décadas de 1920 e 1930, foi um inventor realizado — um homem que podia reconhecer um problema de um cliente e ao mesmo tempo elaborar uma solução técnica lucrativa. Seus muitos produtos de sucesso o tornaram uma lenda na empresa. William McKnight passou toda a carreira (1907-1966) na empresa, ascendendo de assistente de escriturário a presidente, e depois a presidente do Conselho. A grande contribuição de McKnight à 3M foi como filósofo de negócios cujos princípios gerenciais continuam a nortear a empresa. Ele descreveu esta filosofia:

> *À medida que nossa empresa cresce, é cada vez mais necessário delegar responsabilidade e estimular homens e mulheres a exercer sua iniciativa. Isso requer uma tolerância considerável. Esses homens e mulheres, a quem delegamos autoridade e responsabilidade, se são boas pessoas, vão querer fazer seu trabalho à sua própria maneira.*
>
> *Erros serão cometidos. Mas se uma pessoa for essencialmente correta, os erros que ela cometer não serão tão graves a longo prazo quanto os erros que a gerência cometerá, caso se comprometa a dizer às pessoas em posição de autoridade como devem fazer seu trabalho.*
>
> *A gerência que é destrutivamente crítica quando os erros são cometidos mata a iniciativa. E é essencial que tenhamos muitas pessoas com iniciativa se quisermos continuar a crescer.*[8]

A cultura pode ser forte ou fraca. É difícil mudar culturas fortes sem muito esforço, tempo e uma ruptura substancial. Assim, as empresas com culturas fortes fazem bem em adotar estratégias coerentes com suas culturas. O contrário criaria problemas de implementação. Por exemplo, é aconselhável que a 3M, a Hewlett-Packard, a Nokia e a Siemens prendam-se a estratégias coerentes com suas culturas de inovação técnica; suas culturas naturalmente apoiarão a implementação. As empresas que se vêem em posições de impasse competitivo, porém, podem ter de adotar estratégias divergentes com as culturas já estabelecidas. As companhias aéreas tradicionais (United, BOAC, Delta e assim por diante) são bons exemplos de empresas que devem mudar de estratégia, ou irão fracassar. Todavia, as alternativas estratégicas diante delas exigirão drásticas mudanças culturais. Para algumas, a cultura de rivalidade, com relações de trabalho litigiosas, terá de dar lugar a algo mais colaborativo. Nesses casos, a cultura e a estratégia devem ser reinventadas ao mesmo tempo — uma proposição verdadeiramente difícil.

Mudar a cultura da empresa para melhor alinhá-la com uma nova estratégia é de responsabilidade do CEO e da equipe gerencial. É um trabalho de cima para baixo. Aqui estão algumas idéias para abordar a tarefa:

- Identifique os aspectos da cultura que devem mudar em apoio à implementação da estratégia — por exemplo, qualidade de produto, maior foco no cliente, a eliminação do gerenciamento de comando e controle. Concentre-se nestes e deixe de lado os aspectos menos críticos da cultura. É o que você pode fazer.

- Seja um modelo de comportamento e valores que inspire seus funcionários. Por exemplo, se seu objetivo for aumentar o foco no cliente, passe mais tempo, visivelmente, visitando clientes. Leve os usuários mais imaginativos e exigentes para dentro da empresa para discussões sobre público-alvo com os funcionários. Se a estratégia é adotar um modelo de baixo custo, corte suas próprias viagens e despesas de entretenimento antes de pedir aos outros para fazer o mesmo. Lembre-se: as pessoas estão de olho em você.

- Envolva os funcionários em fóruns para formar consenso e compromisso com a mudança. É essencial que haja uma ligação pessoal entre a liderança e os demais funcionários.

- Patrocine eventos comemorativos quando os marcos da mudança forem alcançados.
- Estabeleça altos padrões de desempenho.
- Recompense às pessoas os resultados que você busca.

Até que ponto sua empresa está alinhada com a estratégia escolhida? Você tem o pessoal certo e incentivos claros? Sua organização é estruturada de forma que dê apoio à estratégia? Existiriam outras atividades-chave que dariam apoio à estratégia? A cultura e a estratégia de negócios de sua empresa combinam? A Tabela 5.1 é uma lista de verificação que você pode usar para analisar os conceitos de alinhamento explicados neste capítulo e responder a essas perguntas.

TABELA 5.1
Lista de verificação de alinhamento

		Sim	Não
Pessoal	Nosso pessoal tem as habilidades necessárias para fazer a estratégia funcionar Eles apóiam a estratégia Suas atitudes estão alinhadas com a estratégia Eles têm os recursos de que precisam para ter sucesso		
Incentivos	Nosso sistema de recompensas está alinhado com a estratégia Todos têm metas de desempenho alinhadas com a estratégia		
Estrutura	As unidades são organizadas de forma ideal para apoiar a estratégia		
Atividades de apoio	As muitas coisas que fazemos aqui — fixação de preços, a forma como lidamos com os clientes, atendimento de pedidos — apóiam a estratégia		
Cultura	Nossa cultura e estratégia combinam bem		

Para cada resposta "não", especifique o problema e o que precisa ser feito para corrigi-lo.

Resumo

- A implementação descreve as medidas concretas que traduzem a intenção estratégica em ações que produzem resultados. Ela requer atenção gerencial contínua em todos os níveis.
- A estratégia bem-sucedida é alinhada com um conjunto coerente e fortalecedor de práticas e estruturas de apoio.
- O alinhamento é uma situação em que as estruturas, os sistemas de apoio, os processos, as habilidades humanas, os recursos e os incentivos da organização apóiam as metas estratégicas.
- Certifique-se de que você tem o pessoal com as habilidades, os recursos e as atitudes para fazer a estratégia funcionar.
- Atividades como fixação de preços, distribuição e atendimento de pedidos devem apoiar a estratégia.
- Estruture a organização para alinhá-la às metas estratégicas.
- A cultura da organização deve ser adequada à estratégia — e vice-versa.

6

Planos de ação

A arquitetura da implementação

Principais tópicos abordados neste capítulo

- *A concordância com as metas*
- *A adoção de medidas de desempenho*
- *A determinação de quem, o que e quando conseguir o trabalho realizado*
- *A determinação do nível e do tipo de recursos necessários para o trabalho*
- *Identificação de todos os pontos de conexão importantes entre unidades e entidades externas*
- *A elaboração de uma estimativa financeira do impacto do plano*

A IMPLEMENTAÇÃO DE SUCESSO é realizada pela transformação de planos estratégicos em planos de ação que são executados no nível da unidade. Esses planos de ação devem abordar metas estratégicas essenciais por meio de passos práticos: verificar o progresso ao longo do tempo, garantir que as pessoas tenham os recursos de que precisam e manter tudo nos trilhos.

Um plano de ação é a convergência entre o planejamento estratégico e a implementação. Ponto em que os gerentes de nível médio podem realmente fazer contribuições importantes e visíveis para o sucesso da organização. Este capítulo segmenta o processo de plano de ação em vários passos-chave. Depois da explicação de cada passo, apresentaremos um exemplo de um plano de ação formal de uma empresa. Você pode usar isto como protótipo para seu próprio planejamento de ação.[1]

Do plano estratégico aos planos de ação da unidade

Um *plano de ação* é um documento que começa com as metas estratégicas e identifica todos os passos necessários para realizá-las. Ele é representado graficamente na Figura 6.1. Aqui, cada uma das três unidades operacionais da empresa determinou suas contribuições únicas às metas estratégicas da empresa. Estas contribuições, por sua vez, tornam-se metas da unidade, que cada unidade deve alcançar por meio de um conjunto de medidas de ação mensuráveis. Considere este exemplo:

A Pedalpower Bicycle Company (PBC) desenvolveu uma nova estratégia para expandir suas vendas no fragmentado mercado de bicicletas norte-americano. Ela terá como alvo o segmento lucrativo das bicicletas de passeio. O projeto da PBC apelará a ciclistas adultos com consciência da qualidade, que regularmente pedalam para o trabalho, usam a bicicleta para passear pela cidade ou simplesmente por recreação. Conseqüentemente, as bicicletas da PBC serão mais robustas e virão equipadas com pneus largos à prova de furos, proteção de corrente (para impedir que as calças se sujem de graxa) e pára-lamas destacáveis para as pedaladas em dias chuvosos. Os corredores, praticantes de trilha e crianças não estão em seu mercado-alvo. Esta estratégia pretende ter vendas por unidade de 400 mil ao final do terceiro ano.

Para se diferenciar ainda mais, os novos produtos da PBC apresentarão um design modular, possibilitando que os clientes e revendedores customizem seus pedidos e os recebam rapidamente. Esta estratégia de customização foi implementada com sucesso no Japão e na Coréia do Sul, por um fabricante asiático, mas não foi aplicada ao mercado-alvo da PBC na América do Norte.

Embora cada unidade da PBC venha a ter que contribuir para a estratégia por meio de planos de implementação específicos, três unidades em particular serão mais atingidas: desenvolvimento de produto; vendas e marketing; e fabricação. O desenvolvimento de produto estabelece quatro metas para si:

1. *Trabalhar com o marketing para determinar as exigências dos clientes e restrições à fixação de preços em 2 de janeiro de 2006.*
2. *Com base nos resultados da Meta 1, projetar três protótipos para teste em mercado em 1º de abril de 2006.*
3. *Com base nos resultados da Meta 2, criar especificações de fabricação para três modelos customizáveis em 1º de agosto de 2006.*
4. *Concomitantemente, trabalhar com a fabricação no projeto para a fabricabilidade. A entregar: Uma lista de no máximo sessenta componentes capazes de produzir vários milhares de bicicletas de configuração única. Prazo final: 1º de outubro de 2006.*

FIGURA 6.1
Metas, métrica e planos de ação da unidade

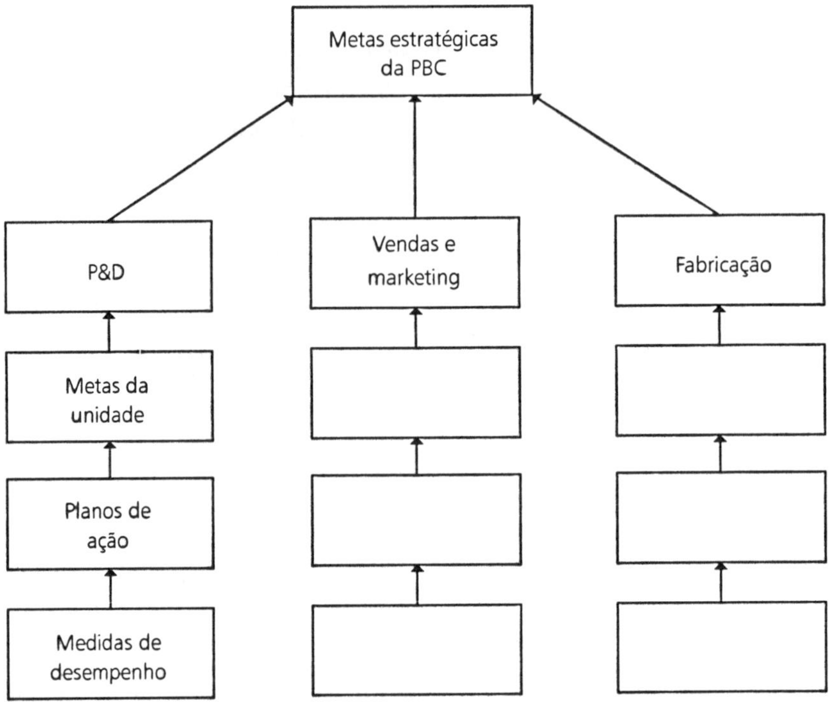

Observe neste exemplo como a unidade de desenvolvimento de produto da PBC traduziu a meta estratégica da empresa em metas específicas e mensuráveis para a unidade. O gerente de desenvolvimento de produto e sua equipe depois desenvolverão planos de ação específicos em torno de cada meta. As vendas e marketing, fabricação e outras unidades operacionais farão algo muito parecido, e suas metas coletivas de desenvolvimento de produto, vendas e marketing e fabricação, em seguida, serão reunidas em um plano completo de implementação.

Estabeleça metas

A missão e as metas estratégicas de uma empresa são o ponto de partida natural para as metas nos níveis corporativo e de unidade. Elas devem determinar como toda a organização orientará seus esforços por um período de vários anos. As unidades individuais tomarão as metas estratégicas da empresa e as desdobrarão em metas para a unidade, com alvos claros e medidas de desempenho. Por exemplo, uma empresa de produtos esportivos com venda por mala direta pode ter a meta estratégica de conquistar uma participação de mercado de 15% em três anos. Por sua vez, a unidade de serviço ao cliente então criaria sua própria meta: aumentar o índice de satisfação do cliente de 73 para 90% nos dois anos seguintes, e para 95% ao final do terceiro ano. Enquanto isso, o departamento de marketing pode ter a meta de unidade de aumentar a fidelidade do cliente em 20% no mesmo período de três anos, enquanto a força de vendas nacional se concentraria em aumentar a receita contábil média em 15% como meta da unidade. Os planos de ação destas diferentes unidades podiam ter a meta comum de desenvolver um novo banco de dados de cliente no final do Ano 1.

Na realidade, as metas estratégicas mais elevadas da empresa descem até as unidades, que elaboram metas para sua participação na estratégia, como descrevemos na Figura 6.1. Os gerentes de unidade respondem por metas de desempenho que eles negociam com cada uma de suas equipes ou por relatório direto, como descrevemos na Figura 6.2.

A alta gerência deve examinar as metas por unidade para se certificar de que as metas:

- Apóiam e são compatíveis com a estratégia da empresa
- Contribuem para um plano completo para realizar as metas estratégicas da empresa

A gerência deve estar atenta às metas de unidade que estão em conflito com aquelas da empresa ou de outras unidades. Ela também deve garantir que todas as iniciativas necessárias para a realização das metas da empresa sejam cobertas pelos planos coletivos das unidades.

FIGURA 6.2
A ligação das metas corporativa, de unidade e de equipe/indivíduo

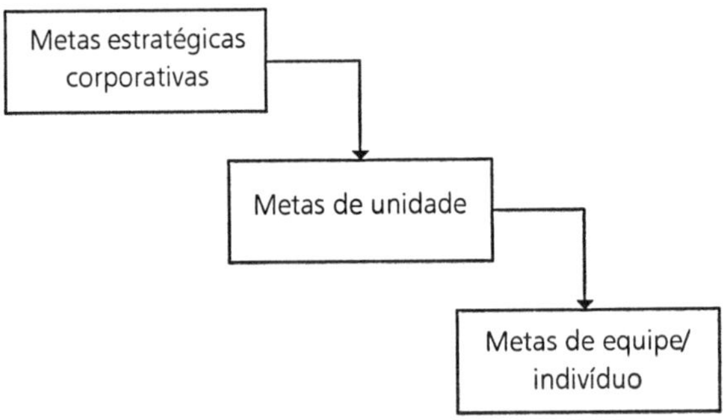

Acordo sobre as medidas de desempenho

Depois de estabelecer as metas e um plano para alcançá-las, sua unidade deve encontrar formas de medir seu desempenho em relação a essas metas. A métrica do desempenho deve ser relevante e clara — por exemplo, "Aumentar anualmente a atuação no mercado em 10% pelos próximos cinco anos, nos países da América Latina". A métrica de desempenho deve também se voltar para fatores que você pode realmente medir sem quebrar a banca. No exemplo anterior, você pode perguntar: "Seríamos capazes de medir com precisão a atuação no mercado em toda a América Latina sem quebrar nosso orçamento? É um grande continente com muitos mercados locais e regionais."

Existem vários sistemas para medir o desempenho. Tradicionalmente, os gerentes têm procurado as medidas financeiras como indicadores de desempenho, sendo as mais expressivas: receitas de vendas, vendas por funcionário, lucro bruto, margem de lucro, retorno sobre o capital investido e retorno sobre os ativos. Essas são mais úteis no nível da empresa do que as medidas de desempenho de unidade relativas a planos de ação. Aqui estão exemplos de áreas de desempenho que podem ser medidas por três diferentes unidades da corporação:

UNIDADE DE MARKETING	UNIDADE DE FABRICAÇÃO	UNIDADE DE RECURSOS HUMANOS
Vendas	Volume por unidade	Treinamento
Participação de mercado	Custo	Recrutamento
Vendas de novos produtos	Eficiência	Rotatividade de funcionários
Fixação de preços	Qualidade	Cumprimento da regulamentação
Distribuição	Melhoria de processo	Remuneração/salários
	Inovação de processo	

Depois de determinar o resultado para áreas críticas de desempenho de uma unidade, o passo seguinte é decidir como o sucesso será medido. Com base nessas medidas, os objetivos da unidade podem ser definidos. Por exemplo, para uma unidade de fabricação, duas áreas de desempenho essenciais e suas medidas e objetivos correspondentes podem ser:

ÁREA DE DESEMPENHO ESSENCIAL	MEDIDAS	OBJETIVOS
Custo	Custo por unidade	• No final do Ano 1, o custo por unidade será de US$79,50 • No final do Ano 2, o custo por unidade será de US$71,00
	Unidades por funcionário por ano	• No final do Ano 1, por funcionário, as unidades por ano serão 15.000 • No final do Ano 2, por funcionário, as unidades por ano serão 24.000

Segurança	Perda de tempo de trabalho por ano (horas)	• No final do Ano 1, a perda de tempo de trabalho por ano será de 25 horas • No final do Ano 2, a perda de tempo de trabalho por ano será de 10 horas.
	Índice de segurança da fábrica	• No final do Ano 1, o índice de segurança na fábrica será de 94 • No final do Ano 2, o índice de segurança na fábrica será de 98

Qualquer que seja o sistema de medição de desempenho utilizado por sua empresa ou unidade, você precisa de medidas que sejam específicas, mensuráveis, viáveis, realistas e de tempo limitado. Aqui estão alguns exemplos de medidas por unidade que atendem a esses critérios, junto com outras que não o fazem:

MEDIDAS BOAS	MEDIDAS NÃO TÃO BOAS
Acrescentar vinte novos engenheiros de sistema nos próximos três anos que sejam capazes de lidar com a nova linguagem de programação. Ano 1, acrescentar duas novas pessoas; ano 2, acrescentar 9 novas pessoas; ano 3, acrescentar 9 novas pessoas.	Acrescentar novos engenheiros de sistema que sejam capazes de lidar com a nova linguagem avançada de programação. (Não é específico, mensurável nem limitado ao tempo.)
Aumentar as vendas em 10% ao ano pelos próximos três anos.	Melhorar as vendas no próximo ano. (Não é específico nem mensurável.)
Reduzir a duração média de telefonemas de atendimento a clientes em 40% nos próximos dois anos.	Reduzir a duração média dos telefonemas a clientes em 90% no próximo ano. (Provavelmente não é viável nem realista.)

Formule passos de ação

Depois que as metas específicas, mensuráveis, viáveis, realistas e limitadas ao tempo foram atribuídas no nível da unidade, a questão passa a ser: como alcançaremos essas metas? A resposta é: por meio de *passos de ação*. Os passos de ação são o "quem", "o que" e "quando" da realização de uma iniciativa estratégica e das metas atribuídas. A soma desses passos deve concluir a tarefa.

Ao abordar uma meta, faça esta pergunta: quais são os passos que devem ser tomados para a realização de nossa meta? Depois de ter a resposta, faça a seguinte pergunta para cada passo identificado: esse passo pode ser fragmentado em subpassos? Ao fazer essa mesma pergunta repetidamente para cada passo e seus subpassos componentes, você alcançará por fim um ponto em que os passos não poderão mais ser subdivididos. A essa altura, terá identificado cada passo de ação. Os gerentes de projeto usam essa abordagem o tempo todo para garantir a realização do trabalho e de todas as tarefas associadas a ele. Eles usam a expressão *decomposição de estrutura do trabalho*. Eles passam então a estimar a quantidade de tempo necessário para cada passo. Aqui está um exemplo do caso da empresa de bicicleta; ele cobre apenas um passo importante, que é depois decomposto em subpassos, com seus tempos de execução estimados. (Observação: para uma planilha de decomposição de estrutura de trabalho em branco, ver o Apêndice. Uma versão para *download* está disponível no site da Harvard Business Essentials: www.elearning.hbsp.org/businesstools.)

PASSO (OU TAREFA) PRINCIPAL	SUBPASSOS NÍVEL 1	SUBPASSOS NÍVEL 2	DURAÇÃO DE SUBPASSOS NÍVEL 2 (HORAS)
Testar protótipo de bicicleta	Escolher participantes	Identificar 12 participantes possíveis	5
		Solicitar e confirmar participação	4
	Montar uma rotina de testes	Determinar que características testar e como	2
		Desenvolver uma rotina de testes objetiva	3

Cada passo deve ter um "dono", que concordará publicamente em assumir a responsabilidade por ele. Os passos sem donos claros em geral são feitos ao acaso ou não são realizados.

Determine os recursos necessários

Um plano de ação não será completo se deixar de reconhecer os recursos de que uma unidade precisa para implementar sua parte da estratégia. Os recursos do plano de ação em geral incluem vários do que se segue:

- Pessoal
- Tecnologias
- Apoio de outros departamentos
- Tempo
- Dinheiro (por orçamento)
- Espaço de escritório
- Parceiros estratégicos
- Treinamento

Em geral os gerentes cometem o erro de subestimar a necessidade de recursos. Aqueles que não determinam necessidades realistas ou pegam atalhos correm o risco de ter muito pouco dos recursos necessários para o êxito de seus planos. Aqui estão algumas perguntas que um gerente deve fazer quando atribuir as necessidades de recursos:

- Que impacto esse novo plano de ação terá no trabalho diário de meu grupo?
- Poderão os recursos existentes cobrir o plano de ação além dos negócios habituais?
- Caso contrário, de que recursos adicionais a unidade precisará?
- De que novas habilidades nosso pessoal precisará para executar o plano?
- Que treinamento será necessário, e a que custo?
- Que novos sistemas ou tecnologia serão necessários para apoiar a iniciativa? A que custo?

Ao pensar nos recursos de que sua unidade precisa, lembre-se de olhar para além do que o grupo necessita hoje e considerar o que pode ser necessário nos próximos anos. Ao prever habilidades e competências indispensáveis para o futuro, uma unidade pode acompanhar o mercado e criar uma vantagem competitiva. Por exemplo, suponha que a estratégia de longo prazo de sua empresa seja alavancar uma tecnologia que pode vir a ser popular — e projetar novos produtos utilizando-a. É possível prever para o próximo ano a necessidade de funcionários qualificados na tecnologia. Nesse caso, você pode treinar alguns funcionários nessa técnica *agora* a fim de se preparar para lidar com o trabalho que virá no futuro.

Planejar à frente, pensar estrategicamente e alavancar os recursos correntes são habilidades gerenciais fundamentais em um mundo de recursos limitados. Seu objetivo deve ser poder contar com todos e com tudo o de que você precisa na época em que precisar deles.

Identifique os intercâmbios

Poucas unidades trabalham com eficácia de forma isolada. Elas precisam colaborar com os outros — tanto dentro como fora da empresa — para realizar suas metas. Referimo-nos a estes pontos de colaboração interfuncional como *intercâmbios*. Os intercâmbios não aparecem nos gráficos da empresa, mas têm um importante papel na realização do trabalho. Os intercâmbios podem assumir a forma de uma força-tarefa, de uma equipe interdepartamental ou de indivíduos de um departamento que trabalham juntos. Uma porcentagem crescente de trabalho em organizações de negócios agora é realizada por intercâmbios.

Os intercâmbios resultam em dois tipos diferentes de trocas: dar e receber. Às vezes, as unidades precisarão receber trabalho de outras unidades a fim de concluir seus planos de ação. Em outras ocasiões, as unidades precisarão dar trabalho a outras unidades para que mais tarde possam implementar seus próprios planos de ação. Em geral, vários grupos precisam colaborar para realizar uma iniciativa estratégica, e os intercâmbios podem ser substanciais. Vamos supor, por exemplo, que nossa empresa precise focalizar na participação de mercado com a meta de aumentar sua participação em 30% nos próximos cinco anos. Essa meta corporativa provavelmente terá impacto sobre muitas unidades (se não em todas) na empresa. No desenvolvimento de planos de ação, as unidades de toda a organização descobrirão que precisam colaborar entre si para implementar os planos. Aqui estão alguns intercâmbios possíveis:

SE SUA UNIDADE PRECISA DE...	VOCÊ PODE PRECISAR DE...	PARA AJUDAR A...
Vendas	Pessoal de recursos humanos	Projetar uma série de rumos em vendas cruzadas eficazes
Marketing	Tecnologia de informação	Formar um banco de dados de clientes que distinga segmentos de mercado
Desenvolvimento de produto	Finanças	Esclarecer novos modelos de negócios

À medida que aumenta a colaboração entre unidades e departamentos, as empresas em geral formam equipes interfuncionais que compreendem representantes de cada uma das unidades com interesses e obrigações em intercâmbio. Usando o exemplo anterior, uma empresa pode decidir que a meta precisa da criação de uma equipe interfuncional. Nesse caso, a equipe pode ser liderada por alguém do marketing e incluir outros de desenvolvimento de produtos, vendas e tecnologia de informação. A equipe pode arregimentar representantes de finanças e recursos humanos, quando necessário, talvez como membros da equipe de forma extra-oficial.

Quando são criadas, em geral as equipes interfuncionais desenvolvem um documento que delineia os papéis, as responsabilidades, os marcos essenciais e processos de tomada de decisão do grupo.

Os intercâmbios complicam o controle gerencial, a atribuição de recursos e a responsabilidade. Os gerentes costumam achar os intercâmbios desafiadores pelo simples motivo de que eles não têm autoridade formal sobre o pessoal envolvido. Uma equipe interfuncional, por exemplo, pode ser liderada pelo representante de uma função que não tem poder de disciplinar ou recompensar seus membros — alguns dos quais podem desfrutar de uma posição mais elevada na organização. Ele deve liderar sem o benefício do poder ou da autoridade formais. No que se refere aos recursos, as pessoas devem olhar cada membro de um intercâmbio e garantir que seus recursos combinados sejam suficientes para o trabalho. Isto deve ser feito no início da fase de planejamento.

Para garantir a responsabilidade, é sensato que os gerentes documentem todas as necessidades, expectativas e obrigações dos intercâmbios. Se não for possível conseguir um acordo no intercâmbio, deve-se identificá-lo como uma área de risco no plano de ação.

A falta de acordo nos arranjos de intercâmbio pode ser uma fonte de conflito entre os grupos em organizações — em especial quando os recursos são apertados. Por exemplo, um gerente de marketing pode abordar o chefe de sistemas de informação e explicar que ele precisa de ajuda:

> *"Precisamos de um banco de dados para acompanhar todos os clientes e registrar todas as transações no que chamamos de segmento de "idosos ativos". Nossa meta é expandir este segmento em 25% nos próximos dois anos. Será que alguém de seu pessoal pode se tornar membro regular da força-tarefa que estamos montando para tratar dessa meta? Planejamos nos reunir a cada duas semanas no ano que vem."*

Mas o chefe de SI responde:

> *"Eu gostaria de ajudar, mas, sinceramente, não posso abrir mão de ninguém. Temos nossas próprias metas, como sabe."*

Os conflitos que surgem durante a implementação precisam vir à superfície imediatamente a fim de manter o plano de ação em curso. ("Dicas para elaborar seu plano de ação" oferece mais conselhos sobre o desenvolvimento de um plano que pode evitar alguns destes problemas.)

Dicas para elaborar um plano de ação

- **Seja simples.** Um plano de ação complexo confundirá e frustrará. Assim, se seu fluxograma de atividades parecer o diagrama da fiação de uma nave espacial, revise-o com um olho na simplicidade e na coerência.

- **Envolva as pessoas que executarão o plano.** É mais provável que os planos de implementação tenham sucesso se eles não forem simplesmente impostos às pessoas solicitadas a colocá-los em prática. Se os implementadores estiverem envolvidos no desenvolvimento do plano de ação, eles estarão mais comprometidos como o seu sucesso. Lembre-se também de que um plano elaborado unicamente pelos estrategistas de nível sênior tem uma probabilidade menor de refletir a realidade da empresa e o que a organização pode realizar do que um plano elaborado com base nas idéias do pessoal da linha de frente — as pessoas que fazem o trabalho.

- **Estruture seu plano de ação em lotes viáveis.** Planos de ação patentemente ambiciosos em geral estão condenados ao fracasso. As pessoas olham para eles e dizem, "Nunca vamos conseguir fazer isso... não enquanto vivermos." Elas já começam derrotadas. Assim, forme um plano de ação que seja ao mesmo tempo administrável e viável.

- **Especifique papéis e responsabilidades.** Como todo empreendimento, um plano de ação deve detalhar papéis e responsabilidades. Todo resultado planejado deve ser de responsabilidade conhecida de um indivíduo ou mais. Estas pessoas devem declarar publicamente que aceitam seus papéis. Isto as faz assumir publicamente a responsabilidade pelos resultados.

- **Seja flexível.** As estratégias de negócios não costumam seguir trajetórias ou horários planejados. Os concorrentes contra-atacam. Os clientes não se comportam como previsto. Acontecem coisas ruins. Assim, um bom plano de implementação é um documento vivo e aberto à revisão. As organizações que se fecham em cronogramas, metas e eventos rígidos vêem-se por fim alienadas do mundo dinâmico em que devem fazer seus negócios.

Estime o impacto financeiro

A última peça do plano de ação da unidade é estimar os custos associados com o plano. Por exemplo, se um departamento de serviço ao cliente tem como meta aumentar o índice de satisfação do cliente em 10%, e se ele sabe que precisará de mais dois funcionários e do treinamento de cada pessoa que tem contato com os clientes, o departamento deve desenvolver uma estimativa clara do custo adicional. Algumas unidades, como o departamento de vendas, também estimariam a receita incremental prevista da implementação do plano e o custo incremental de sua obtenção.

Uma amostra de plano de ação

Agora que discutimos todas as partes essenciais de um plano de ação de unidade, vamos aplicá-las a um exemplo; uma unidade de fabricação de uma empresa de eletrônica.

METAS. Desenvolva instalações de fabricação de longo alcance que venham a:

- atender à demanda prevista de 2007-2013;
- possibilitar o teste e a fabricação de novos produtos; e
- alcançar uma melhoria drástica em qualidade, custo e serviço ao cliente.

MÉTRICA DE DESEMPENHO. Chegue a um acordo sobre as medidas de desempenho que sejam relevantes e claras.

- Ano 1: Completar a fase de projeto e começar a construção no final do ano.
- Ano 2: Completar a construção e iniciar a produção no final do ano.
- Ano 3: Obter uma taxa inicial operacional de 177 milhões de unidades por ano a um custo de US$0,325 por unidade.

PASSOS DE AÇÃO. Decomponha seu plano em passos de ação viáveis. (Os passos seguintes foram simplificados para fins de ilustração.)

Ano 1

O que	*Quem*	*Quando*
Estabelecer especificações de projeto de fábrica	Equipe de fabricação; a engenharia chefia	Outubro de 2005
Aprovar especificações	Gerência sênior	Dezembro de 2005
Fluxograma e projeto de sistema de produção; fixação do custo	Equipe de fabricação; engenharia e finanças chefiam	Abril de 2006
Planos detalhados para fins de licitação; fixação dos custos	Equipe de fabricação; engenharia e finanças chefiam	Julho de 2006
Aprovação	Gerência sênior	Agosto de 2006
Licitações	Compra e construção	Outubro de 2006
Início da construção	Assume a equipe de construção de fabricação e instalações	Dezembro de 2006

RECURSOS. Contrate um gerente de construção em tempo integral, dois gerentes de fábrica inovadores e três assistentes para dar apoio a esses gerentes.

CONEXÕES. Identifique como as unidades terão de trabalhar umas com as outras. (A tabela seguinte foi simplificada para fins de ilustração.)

Unidade de fabricação trabalha com...	**Para...**	**Quando**
Unidade de construção	Gerenciar todo o processo de construção	Início em janeiro de 2007
Jurídico	Lidar com todas as licenças, avaliação de responsabilidades e seguros	Início em dezembro de 2006
Clientes	Formar comitê de serviço ao cliente para projetar sistemas de expedição por ordem de pedido	Início em maio de 2006

ESTIMATIVA DE IMPACTO FINANCEIRO. Desenvolva uma estimativa de longo prazo, detalhando custos e receitas.

Custo:	Despesa de capital = US$125 milhões
	Capital = US$125 milhões
	Equipamento = US$250 milhões
	Investimento total = US$500 milhões

Receita (nova fábrica):		Ano 1	Ano 3	Ano 5
	Preço/unidade	US$0,425	US$0,400	US$0,350
	Custo/unidade	US$0,325	US$0,270	US$0,180
	Unidades	US$177M	US$525M	US$700M
	Receita	US$75M	US$210M	US$500M

Como pode ver, um plano de ação é uma abordagem racional e formada em etapas para conseguir que um grande trabalho maior seja feito. Ele começa com uma questão fundamental: O que estamos tentando realizar"? Depois ele reúne sistematicamente os recursos e cria todos os mecanismos necessários para a execução do trabalho.

Infelizmente, até o melhor plano de ação é passível de eventos, conflitos e problemas pessoais imprevistos que podem tirá-lo dos trilhos. O trabalho do gerente é garantir que os planos de ação mantenham-se firmes e continuem alinhados com a estratégia. Este é o tema de nosso próximo capítulo.

Resumo

- Um plano de ação para implementação começa com as metas estratégicas e identifica todos os passos necessários para realizá-las.
- O planejamento de ação começa pelo topo, com as metas da empresa, e desce às bases da organização com a definição de passos de ação mensuráveis com que contribuirão as unidades e seus setores para viabilização da meta maior.

- Faça com que a missão e as metas estratégicas da empresa sejam o ponto de partida natural para as metas corporativas e das unidades.
- Depois de estabelecer as metas e um plano para alcançá-las, sua unidade deve encontrar maneiras de medir seu desempenho em relação àquelas metas. A métrica de desempenho deve ser específica, mensurável, viável, realista e de tempo limitado.
- A melhor abordagem à realização da meta é por meio de passos de ação — "quem", "o que" e "quando" realizar uma iniciativa estratégica e as metas atribuídas. A soma desses passos deve completar o trabalho.
- Certifique-se de que cada passo de ação tenha um "dono" que concorde publicamente em assumir a responsabilidade por ele. Os passos sem um responsável declarado em geral são feitos ao acaso ou não são feitos.
- Se você for o "dono" de um plano de ação, certifique-se de que tem todos os recursos (tempo, dinheiro, pessoal, treinamento etc.) necessários para conseguir realizar o trabalho.
- A maior parte do trabalho na organização envolve intercâmbios, ou pontos de colaboração interfuncional.
- Faça uma estimativa dos custos associados ao plano de ação.

7

Como manter o curso

Percebendo os desvios de um plano e reagindo a eles

Principais tópicos abordados neste capítulo

- *Um modelo prático para a implementação bem-sucedida*
- *O uso de análises de progresso para monitorar a implementação*
- *O valor de verificações informais por executivos e gerentes*
- *Algumas causas comuns de fracasso na implementação*
- *Como os planos de contingência podem tratar os potenciais retrocessos*

AJUSTAR E ESQUECER? Isso pode ser possível com um bom relógio, mas não com a implementação da estratégia. Os planos de ação dão instruções para a realização de metas específicas, mas nem sempre as pessoas seguem as instruções. Ou elas interpretam equivocadamente estas instruções, ou suas instruções não são adequadas para todas as realidades do local de trabalho e do mercado. Ou alguma coisa no ambiente — sobre o qual você não tem controle — muda. Nenhum plano de ação pode prever os muitos obstáculos e condições incertas que as pessoas enfrentarão ao longo das semanas e meses da implementação da estratégia. Assim, são inevitáveis e necessários os ajustes e a intervenção gerencial ao longo do processo. Este capítulo dá sugestões para manter a implementação no rumo.[1]

Um modelo para ficar no rumo

Nem todo plano estratégico obtém êxito. Vários meses depois do lançamento de uma nova iniciativa estratégica, a gerência e os funcionários podem sentir que as coisas não estão saindo como previsto. As metas estão sendo perdidas. Os resultados financeiros nem chegam perto do que os planejadores previram. O primeiro instinto é culpar a nova estratégia e as pessoas que a elaboraram: "O que os fez pensar que essa estratégia nos colocaria numa posição melhor?" Na verdade, o plano pode ter sido mal concebido, mas é igualmente provável que a implementação tenha saído dos trilhos. Como escrevem Larry Bossidy e Ram Charan em seu livro popular, *Execution*: "A estratégia por si nem sempre é a causa. Em geral as estratégias falham porque não são bem executadas."[2]

Se você está nesse negócio há algum tempo, deve se lembrar de que as iniciativas estratégicas nem sempre fornecem o que prometem. O que levou esses planos a frustrar as expectativas? O problema estava na estratégia ou no modo como a empresa a implementou?

Pressupondo-se que uma empresa tenha feito um bom trabalho no desenvolvimento de planos de ação em torno de cada meta estratégica, pode-se evitar o fracasso acompanhando de perto a implementação do plano e voltando-se para problemas imprevistos. Se pequenos problemas forem identificados e atacados antes que possam se transformar em grandes problemas, há uma boa probabilidade de que tudo possa voltar aos trilhos. A Figura 7.1 mostra um modelo simples para realizar isto. No modelo, a gerência de diferentes níveis está continuamente percebendo os desvios em planos estratégicos, ou para planos que estão frustrando as expectativas. Suas ferramentas de percepção são:

- A métrica de desempenho de cada plano de ação
- Análises periódicas do progresso
- Observação direta pelos gerentes que aprendem "andando pela empresa"

A percepção produz informações que a gerência e as equipes de implementação podem usar para avaliar a situação. O que está dando errado? Quais são as causas básicas dos problemas de implementação? A avaliação naturalmente ajuda a detectar as possíveis causas. O *brainstorming* entre os implementadores pode produzir uma forma ou mais de corrigir problemas e eliminar as barreiras ao sucesso. Os passos seguintes são escolher e executar a solução que mais provavelmente conduzirá a implementação ao rumo certo.

FIGURA 7.1
Descobrindo e corrigindo problemas de implementação

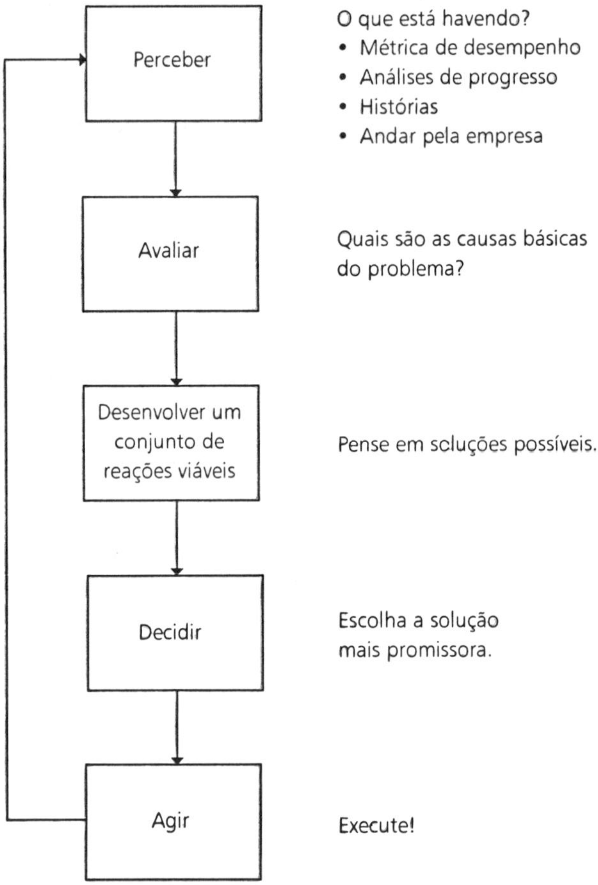

Análise do progresso

A análise periódica do progresso é uma ferramenta poderosa para monitorar a implementação. A análise, usando a métrica de desempenho para cada passo de ação, possibilita que os gerentes meçam o quanto as pessoas estão se saindo bem em relação ao plano. Considere este exemplo, baseado no fabricante de bicicletas do capítulo anterior:

Há três meses, a Pedalpower Bicycle Company (PBC) lançou sua nova estratégia para desenvolver e vender bicicletas de passeio customizáveis para adultos. Como parte da estratégia, a unidade de desenvolvimento de produto desenvolveu um plano de ação com quatro metas:

1 *Trabalhar com o marketing para determinar as exigências e restrições de preço dos clientes em 2 de janeiro de 2006.*
2 *Com base nos resultados da Meta 1, projetar três protótipos para teste de mercado em 1º de abril de 2006.*
3. *Com base nos resultados da Meta 2, criar especificações de fabricação para três modelos customizáveis em 1º de agosto de 2006.*
4. *Concomitantemente, trabalhar com a fabricação em projeto de fabricabilidade. A entregar: Uma lista de no máximo sessenta componentes capazes de produzir vários milhares de bicicletas de configuração única. Prazo final: 1º de outubro de 2006.*

Infelizmente, no final de fevereiro de 2006, a unidade de desenvolvimento de produto sequer estava perto de realizar sua segunda meta: criar três protótipos. A frustração desta meta atrasaria o cronograma de outras metas da unidade e atrapalharia todo o prazo de lançamento no mercado. O gerente de desenvolvimento de produto explicou desta forma: "Não podemos seguir em frente com os projetos até que tenhamos um conjunto sólido de exigências de clientes. Estivemos trabalhando com o pessoal do marketing para conseguir isto, mas levou mais tempo do que previramos."

Assim, se a pesquisa de mercado é o problema, por que isso? "Tivemos muito pouco tempo para fazer as sessões de grupo de foco ou conversar com todos os revendedores que planejamos visitar", disse o chefe de marketing. "Tivemos recursos suficientes quando escrevemos nosso plano de ação, mas a Brenda deixou a empresa e não conseguimos encontrar uma pessoa adequada para substituí-la."

Nesse exemplo, os problemas encontrados pelo desenvolvimento de produtos e marketing são plausíveis. A questão é: Por que levaram tanto tempo para identificar esses problemas e corrigi-los?" As análises de progresso semanais ou mensais são os melhores mecanismos para pegar problemas como este, que agora colocam em risco a implementação da estratégia da PBC. Se a PBC tivesse instituído este tipo de análise, a falta de tempo do pessoal de marketing teria sido detectada mais cedo, antes que se desenvolvesse o problema maior de quebra do cronograma. Isto teria dado à gerência uma oportunidade de lidar com os problemas fundamentais.

Que tipo de supervisão sua empresa faz das atividades importantes? Se a supervisão é fraca, quais são os pontos em que deve ser fortalecida?

Use medidas de desempenho para acompanhar o progresso

Como descrevemos no capítulo anterior, toda meta de implementação importante — na empresa e no nível da unidade — deve estar ligada a uma ou mais medidas de desempenho: custos de fabricação por unidade, vendas por representante de vendas, tempo de ciclo para concluir um processo de negócios e assim por diante. E, como dissemos antes, cada um destes deve ter um componente de tempo: por exemplo, "As exigências dos clientes devem ser determinadas em ________." Os gerentes de unidade devem usar esta métrica e as datas para identificar onde o progresso está sendo feito ou não. A métrica que indica que a implementação não está caminhando na direção certa — ou caminha muito lentamente — deve alertar aos gerentes a hora de intervir, descobrir as origens do problema e consertá-los. E lembre-se: sempre é mais fácil corrigir os problemas quando são detectados cedo.

Análises trimestrais

As análises trimestrais formais são outra ferramenta importante para avaliar o progresso e garantir que os planos de ação estejam sendo implementados. Em geral, as unidades ou equipes submetem um relatório de uma ou duas páginas à gerência sênior para cada um dos planos de ação que estão implementando. Estes relatórios abordam as seguintes questões:

1. O que a unidade realizou
2. O que a unidade não realizou mas disse que faria
3. Problemas fundamentais que precisam de solução
4. Decisões ou recursos de que a unidade precisa da gerência sênior
5. Desempenho com relação a objetivos, quando relevante

O ato de produzir um relatório trimestral pode estimular o gerente da unidade a ficar de olho no progresso da implementação. Pode também ajudar a manter a alta gerência no ciclo de implementação (ver "Não incentive as pessoas a varrer os problemas para debaixo do tapete"). (Observação: o Apêndice contém uma planilha de análise de progresso de projeto. Considere utilizá-la à medida que você desenvolver relatórios de progresso para sua implementação de estratégia. Essa planilha pode ser baixada sem custos do site da série Harvard Business Essentials: www.elearning.hbsp.org/businesstools.)

Não incentive as pessoas a varrer os problemas para debaixo do tapete

Alguns executivos deixam muito claro que não querem ouvir nenhuma notícia ruim. Eles dizem aos subordinados diretos, "Quero isto feito corretamente e dentro do prazo. Não quero que você venha aqui para me dizer que tem um problema. Se tiver um problema, corrija. Se não puder corrigir, encontre alguém que possa."

Esta atitude pode criar uma imagem de um executivo "prático", mas pode aprofundar os problemas. Os subordinados diretos que não conseguem resolver problemas sozinhos — e não conseguem encontrar ajuda — provavelmente dirão, "Está tudo bem, chefe". Esperançosos de que algum milagre vá salvar a situação, eles continuarão escondendo ou minimizando os problemas até o último minuto, quando não será mais possível negá-lo. A essa altura, todas as oportunidades de corrigi-lo já terão passado.

Verificações informais

A análise de progresso é uma forma sistemática e formal de identificar problemas na implementação. Mas as verificações informais feitas por gerentes observadores e curiosos são igualmente valiosas. Alguns executivos cometem o erro de segmentar as iniciativas de estratégia em duas atividades distintas: planejamento e ação. "Nós, executivos, todo o pensamento e planejamento estratégico. Nosso pessoal faz a implementação." Essa atitude é uma receita para o fracasso. Os executivos e gerentes precisam ficar em contato com a ação da implementação e procurar ativamente pelos problemas. Em vez de esperar que cheguem a sua mesa os relatórios de progresso, eles devem *ver* e *ser vistos* rotineiramente nas linhas de frente.

Os relatórios de progresso são úteis, mas tendem a dar um tom positivo ao que está acontecendo. As pessoas que os redigem em geral relutam em admitir problemas — em especial quando há alguma esperança de que um dia sejam superados. Os relatórios não substituem as provas que você pode reunir simplesmente observando as pessoas trabalharem e ouvindo o que elas têm a dizer. O questionamento direto das pessoas nas unidades operacionais pode revelar informações importantes que você não tem como descobrir nos relatórios de progresso. "Como as coisas estão indo?" "Você tem os recursos de que precisa para bater suas metas?" "O que está impedindo o progresso?" "Como posso ajudar você e seus colegas?"

Para a gerência e os executivos, fazer perguntas custa muito pouco, mas pode revelar problemas ocultos. Ser visto é igualmente útil. Mostrar-se, participar de reuniões de equipe, dar uma mão em uma das tarefas mais desafiadoras e outras formas de envolvimento pessoal dão provas concretas de que o que os funcionários estão fazendo é importante — "tão importante que os chefes aparecem aqui e nos ajudam a fazer o trabalho". Mostrar-se também dá aos gerentes oportunidades de reiterar o que é a estratégia, por que ela é importante e como todos se beneficiarão com o seu sucesso.

Causas comuns do fracasso na implementação

Até os planos de ação mais cuidadosamente pensados podem descarrilar. Eis aqui algumas das causas mais comuns:

OS PLANOS SÃO EXPANDIDOS. Durante a execução de planos de ação, um projeto pode aumentar de abrangência. Por exemplo, um grupo de desenvolvimento de produto decide acrescentar características a um novo produto ou desenvolver produtos adicionais. Gastar tempo em características e produtos adicionais reduz os recursos que seriam aplicados integralmente ao plano original.

Antídoto: Leve todos os pedidos de expansão do plano ao executivo encarregado da implementação. Explique como esses pedidos terão impacto no plano de ação da implementação e que tempo e recursos adicionais serão necessários para manter o plano nos trilhos. Essa pessoa terá a autoridade para vetar a expansão ou lhe fornecer os recursos de que você precisa. Terceirizar algumas partes do plano de ação pode ser uma solução viável se o executivo decidir que a expansão do plano é essencial.

OS PLANOS SÃO APARADOS. Um projeto pode ser encurtado durante a implementação. Isso pode ser feito para reduzir custos ou acelerar a implementação. Embora possam economizar dinheiro e tempo, essas medidas também podem levar o plano de ação ao fracasso em seus objetivos originais.

Antídoto: Novamente, uma mudança dessa natureza no plano deve ser levada às instâncias superiores. Se o plano está sendo aparado para poupar tempo, examine a argumentação que definiu o prazo original. Se o CEO disse, "Termine este trabalho no final do ano", este pode ter sido um prazo muito arbitrário. Há algum motivo especial para determinar a data? A estratégia da empresa estaria em risco se o período de implementação fosse estendido em alguns meses? Depois que tiverem as respostas a estas perguntas, os líderes da implementação deverão avaliar se vale mais preservar o prazo e aparar o plano original ou manter o plano e estender o prazo.

OS RECURSOS SÃO INADEQUADOS. Os funcionários podem não ter o tempo adequado para trabalhar nas iniciativas estratégicas devido a seus deveres rotineiros. Isto pode ser um resultado de estimativas imprecisas de recursos, um aumento no escopo do projeto, ou de prioridades concorrentes. Qualquer que seja o motivo, a verdade é a mesma: se todos assumirem trabalho demais, os recursos serão esgotados.

Antídoto: Seja flexível e mantenha uma reserva. Quando confiavam suas tropas à batalha, os comandantes militares experientes agiam com o pressuposto de que o embate produziria riscos e oportunidades imprevistos. Eles mantinham uma força de reserva para reagir a esses desenvolvimentos. Um projeto de implementação de estratégia é semelhante. É impossível prever com certeza que recursos um projeto exigirá e que problemas surgirão. Por conseqüência, os gerentes devem ter flexibilidade em seus planos e manter algum fundo, equipamento ou pessoal adicional de reserva. Resumindo: esteja preparado para a escassez de recursos.

OS INTERCÂMBIOS FALHAM. Um grupo que iria colaborar na conclusão de uma tarefa da sua unidade pode alterar seus planos e, portanto, deixar de cumprir as obrigações que assumiu com você. Em muitos casos, isso ocorre porque o gerente desse grupo não liberou os recursos necessários ou teve outras prioridades. Em outros, os intercâmbios foram negligenciados durante a fase de planejamento de ação.

A colaboração entre as unidades sempre é um problema, a não ser que costumem trabalhar juntas. As causas de problemas de colaboração incluem o que se segue:

- Comunicação fraca ("Não sabemos o que eles querem de nós")
- Falta de alinhamento de metas ou prioridades
- Antagonismo entre gerentes de unidade
- Diferentes estilos de trabalho (por exemplo, uma unidade é empreendedora, a outra é burocrática)
- Falta de incentivos para a colaboração

Antídoto: Comunicação. Os gestores devem declarar claramente para que não restem dúvidas: "Essa implementação de estratégia é uma meta essencial para a empresa. Espero que vocês trabalhem juntos para torná-la bem-sucedida." Além disso, a comunicação não será um problema se as unidades de intercâmbio participarem plenamente no desenvolvimento dos planos de ação da implementação.

A MUDANÇA ENFRENTA RESISTÊNCIA. Uma nova estratégia produz mais do que uma mudança na atitude competitiva da empresa; ela também perturba o *statu quo* dentro da organização, gerando resistência à mudança. "O reformador tem inimigos em todos os que lucram com a velha ordem", alertou Maquiavel aos leitores. E o que era verdade na Itália do século XVI ainda é verdade hoje. Algumas pessoas claramente desfrutam de vantagens que elas acham que serão ameaçadas pela mudança. Elas podem considerar a mudança perigosa para seu sustento, para suas prerrogativas, seus arranjos sociais no local de trabalho, ou seu *status* na organização. Outras sabem que suas habilidades serão menos valiosas. Por exemplo, quando um fornecedor de sistemas de direção hidráulica para automóveis passou para a tecnologia de direção eletrônica, no final da década de 1990, funcionários antigos com *expertise* em mangueiras, válvulas e fluidos de repente tiveram menos importância. O *know-how* que eles tinham desenvolvido ao longo das carreiras repentinamente era menos valioso para a empresa, que passou a investir em engenharia eletrônica, recrutada ativamente.

Em qualquer momento em que as pessoas sentem que as mudanças lhe trarão perdas, espere pela resistência. A resistência pode ser passiva, na forma de falta de compromisso com as metas, ou ativa, na forma de oposição direta ou subversão. Como você lida com essa resistência?

Antídoto: Identifique os resistentes em potencial e redirecione sua angústia. Aqui vão algumas dicas:

- Determine quem tem algo a perder na mudança de estratégia de sua empresa, e comunique o "por que" da mudança a eles. Explique a urgência de abandonar rotinas ou arranjos estabelecidos.
- Destaque os benefícios da nova estratégia aos possíveis relutantes. Esses benefícios podem ser mais segurança no emprego no futuro, pagamento mais alto e assim por diante. Não há garantias de que estes benefícios da mudança irão superar as perdas para estas pessoas. Porém, explicar os benefícios ajudará a mudar seu foco do negativo para o positivo.
- Ajude os resistentes a encontrar novos papéis — papéis que representem contribuições autênticas *e* mitiguem suas perdas.
- Dê *empowerment* aos resistentes. Muitas pessoas resistem à mudança porque ela representa uma perda de controle sobre sua vida diária. Devolva parte desse controle, tornando-as parceiras ativas no programa de implementação de estratégia.

Se essas intervenções não derem certo, retire os resistentes de sua unidade. Você não pode se dar ao luxo de deixar alguns indivíduos decepcionados comprometerem o progresso de todo o grupo. Mas não os faça "andar na prancha". Faça o que puder para realocá-los em posições em que suas habilidades específicas possam ser melhor utilizadas. Foi o que fez o inovador nos sistemas de direção eletrônica. Esta empresa ainda tem muitos negócios de fornecimento de sistemas hidráulicos para fabricantes de carros e caminhões, e assim empregou seus especialistas em hidráulica naquelas unidades, mesmo enquanto contratava engenheiros eletrônicos para seu novo negócio em expansão.

Desenvolva planos de contingência para lidar com possíveis reveses

Como todo plano estratégico, todo plano de implementação contém o risco de que algo imprevisto ou imprevisível vá surgir e causar atrasos ou descarrilamento. Os planos de contingência devem ser desenvolvidos para estes problemas em potencial. Um *plano de contingência* é um curso de ação preparado antes de um possível problema; ele responde à pergunta, "Se X acontecer, como podemos reagir de forma que neutralize ou minimize os danos?" Aqui estão dois exemplos de planos de contingência de projeto:

- A Acme Company deu início a um projeto de dois anos para modernizar suas instalações de fabricação. A gerência sênior considerava o prazo final de dois anos extremamente importante. Reconhecendo o risco real de que o prazo não fosse cumprido, o patrocinador concordou em criar um fundo de reserva que pudesse ser usado para contratar ajuda externa caso o projeto se atrasasse. Este plano de contingência incluiu uma análise mensal do progresso e uma provisão segundo a qual um atraso de três semanas ou mais no cronograma incitaria a liberação dos fundos de reserva.
- A TechnoWhiz, Inc., estava confiando em sua equipe de projeto de software para desenvolver uma nova versão de sua suíte de aplicativos de escritório integrados, que incluiria todos os acessórios e ligações sem falhas à Internet. Sem querer perder a data de lançamento anunciada e seu caro marketing de lançamento, a equipe desenvolveu um plano de contingência para lidar com

quaisquer elementos inacabados do programa. Este plano era claro: qualquer novo elemento que não estivesse pronto para o lançamento oficial entraria em um pacote de "acessórios" que podia ser baixado da Internet e disponibilizado mais tarde a todos os usuários registrados da nova versão. A equipe para o desenvolvimento destes acessórios foi planejada antecipadamente, com o orçamento vinculado à quantidade de trabalho necessário.

O benefício real de um plano de contingência é que ele prepara as pessoas para lidar com uma situação adversa. Quando o desastre acontece, os gerentes e funcionários não precisam passar semanas tentando imaginar o que devem fazer ou como encontrarão os fundos para lidar com uma nova situação.

Sua unidade identificou os riscos de seu plano de implementação? Ela desenvolveu planos de contingência para lidar com eles? ("Torne alguém responsável por cada risco sério" dá outra perspectiva sobre como fazer um plano de implementação funcionar).

Manter a implementação nos trilhos não tem a diversão do jogo intelectual da criação de estratégia. E embora os estrategistas tenham a maior parte do crédito quando uma nova estratégia é bem-sucedida, os executivos e gerentes de níveis inferiores, que mantêm a implementação no rumo, têm o trabalho mais importante porque, no final, até a estratégia mais brilhante não vale grande coisa se for mal implementada.

Torne alguém responsável por cada risco sério

Assim como cada tarefa em um plano de ação deve ter um "dono", cada risco sério deve ser de responsabilidade de alguém. Essa pessoa deve monitorar o risco atribuído, soar o alarme se o risco estiver passando de problema em potencial a problema real e estar preparada para lidar com as conseqüências.

Resumo

- Os fracassos de estratégia em geral são um produto de implementação ruim.
- Você pode perceber os desvios dos planos de ação por meio destes mecanismos: métrica de desempenho; análises periódicas do progresso; histórias; observação direta.
- As análises semanais ou mensais do progresso são os melhores mecanismos para detectar os problemas de implementação antes que eles se transformem em impedimento para o sucesso.
- Se você for o chefe, mantenha um clima em que as pessoas não tenham medo de relatar os problemas de implementação oportunamente.
- Executivos e gerentes não devem esperar pelos relatórios de progresso, mas sair às linhas de frente da implementação, observando e fazendo perguntas.
- As causas comuns do fracasso na implementação incluem expansões do plano, planos que são aparados, recursos inadequados, falhas de intercâmbio e resistência de funcionários que se vêem como perdedores com a nova estratégia.
- Todo plano de implementação contém riscos — alguns imprevisíveis. Crie um plano de contingência para cada risco sério.
- Torne alguém responsável pela administração de cada risco sério.

8

O lado das pessoas na implementação

Conseguindo o pessoal certo a bordo

Principais tópicos abordados neste capítulo

- *Como arregimentar o apoio e o envolvimento de pessoas essenciais em uma iniciativa de mudança*
- *O apoio ao plano com comportamentos coerentes*
- *A capacitação de estruturas (isto é, treinamento, programas piloto e um sistema de recompensa)*
- *Formas de comemorar os marcos*
- *A importância da comunicação incansável*

OS DOIS CAPÍTULOS anteriores podem dar a impressão de que a implementação da estratégia é um processo mecânico: limite-se a desenvolver um plano de passos de ação, diga aos funcionários para executar esses passos e verifique periodicamente o cumprimento e o progresso. Na realidade, as pessoas são a parte mais importante da implementação, e aproveitar sua energia e seu compromisso com a mudança estratégica costuma ser o maior desafio da gerência. As pessoas precisam sentir que têm algo a dizer sobre os planos que lhes mandam implantar. Elas devem saber que o sucesso é importante. Devem ser motivadas a fazer bem as coisas certas. E devem perceber incentivos reais para seu trabalho árduo.

A história mostra que a implementação raras vezes acontece suavemente. Em alguns casos, fatores externos perturbam os cronogramas ou desviam a atenção da gerência. Falhas técnicas paralisam o progresso. Mas, em geral, os problemas pessoais são a causa dos problemas de implementação. As pessoas cometem erros. Funcionários essenciais saem ou são transferidos. Diferentes grupos se esquecem de se comunicar. Tarefas são dadas a pessoas destreinadas. Os gerentes dispensam os funcionários encarregados de passos de ação críticos. Este capítulo aborda o lado pessoal na implementação e tem como objetivo livrá-lo de problemas.

Arregimente o apoio e o envolvimento das pessoas essenciais

Sua implementação prosseguirá com mais suavidade se tiver o apoio e o envolvimento das pessoas essenciais — e não só do CEO e sua corte. Não é preciso dizer que o envolvimento do nível superior é essencial. Mas também é necessário arregimentar o apoio de gerentes e funcionários respeitados pelos demais: pessoas com habilidades técnicas comprovadas, pessoas com acesso a recursos vitais e os líderes informais a quem as pessoas se voltam naturalmente em busca de conselhos quando encontram obstáculos. Como você pode identificar essas pessoas? Os escritores Michael Tushman e Charles O'Reilly dão este conselho:

> *Para determinar quem são os indivíduos essenciais e quais podem ser suas reações a mudanças, pergunte: quem tem o poder de fazer ou romper a mudança? Quem controla os recursos críticos ou a* expertise*? Depois pense em como a mudança deverá afetar cada uma destas pessoas e como cada uma delas deve reagir à mudança. Quem vai ganhar ou perder alguma coisa? (...) Existem grupos de pessoas que podem se mobilizar contra o esforço de mudança ou apoiá-lo?*[1]

Arregimentar o apoio requer a formação de uma equipe eficaz de agentes de mudança que possam trabalhar em uníssono para a consecução de metas declaradas. Mas como você pode ter certeza de que escolheu as pessoas certas para a equipe? Aqui estão algumas perguntas que o ajudarão a saber se sua equipe tem as características certas:[2]

- Há participantes-chave em número suficiente em sua empresa (pessoas em cargos relevantes de poder) para compor sua equipe?
- Os membros da equipe têm a *expertise* para fazer o trabalho e tomar decisões inteligentes?
- A equipe inclui o leque necessário de perspectivas e disciplinas para fazer o trabalho e tomar decisões inteligentes?

- A equipe inclui pessoas com credibilidade suficiente para que funcionários e gerentes levem suas decisões a sério?
- A equipe inclui líderes verdadeiros?
- Os membros da equipe são capazes de esquecer seus interesses pessoais em favor da meta maior da organização?

Se você respondeu "sim" à maioria das perguntas, a equipe que orienta o esforço de implementação é forte e tem boas condições para obter êxito. Se você disse "não" a qualquer uma das perguntas, pode ser uma boa idéia revisar suas opções de equipe. (Para saber mais sobre a seleção de membros de equipe, ver "Dicas sobre quem *não* deve estar na equipe".)

Dicas sobre quem não deve estar na equipe

Em seu livro *Leading Change*, John Kotter recomenda que você mantenha fora de sua equipe três tipos de pessoas:*

1. **Pessoas com um ego grande.** O ego grande, segundo Kotter, enche a sala, deixando pouco ou nenhum espaço para outra pessoa participar ou contribuir. As pessoas com ego grande nem sempre entendem suas próprias limitações e como estas limitações podem ser complementadas pelos pontos fortes dos outros.
2. **Cascavéis.** Kotter descreve uma "cascavel" como o tipo de pessoa que secretamente envenena relacionamentos entre os membros da equipe. "Uma cascavel é especialista em contar a Sally algo sobre Fred e a Fred algo sobre Sally que destrói o relacionamento entre Fred e Sally."
3. **Participantes relutantes.** Essas são as pessoas que não têm nem tempo nem entusiasmo para dar energia à equipe. Cuidado ao incluir es-

> sas pessoas em sua equipe. No entanto, mantê-las distantes pode ser difícil, uma vez que os participantes relutantes podem ter a *expertise* e/ou o poder organizacional de que você precisa.
>
> Já é bastante difícil implementar uma nova estratégia sem ter essas pessoas em sua equipe.

*John F. Kotter, *Leading Change* (Boston: Harvard Business School Press, 1996), 59-61.

Dê apoio ao plano com comportamentos e mensagens coerentes

Depois que a necessidade de mudança foi articulada de forma convincente e um amplo apoio foi arregimentado, ele deve ser mantido por meio de um conjunto de comportamentos e mensagens coerentes. A incoerência mandará um sinal de perigo — a gerência ou não é séria a respeito da implementação da nova estratégia, ou não está disposta a participar dela.

Considere este exemplo: há não muito tempo, um dos três grandes fabricantes automotivos da América passou por uma dolorosa reestruturação estratégica. Todos foram solicitados a se sacrificar, abrindo mão dos benefícios que tinham para alcançar mais competitividade, segurança no emprego e prosperidade no futuro. Milhares de gerentes de nível médio foram demitidos e o sindicato da empresa foi solicitado a renunciar aos aumentos de pagamentos e benefícios. Porque a empresa tinha feito uma defesa convincente da mudança, as pessoas receberam a mensagem e apertaram os cintos; até os sindicatos aderiram. Meses depois, porém, só a gerência sênior e pessoas-chave foram recompensadas com bonificações substanciais e aumentos de salário. Uma vez que o comportamento incoerente tornou-se público, os laços de confiança entre a gerência e os funcionários comuns — e líderes sindicais — evaporaram. A colaboração transformou-se em hostilidade aberta que entrou em ebulição por quase dez anos.

Ao mesmo tempo, uma empresa em outro setor estava da mesma forma apoiando um programa de reestruturação e de "apertem os cintos". Mas essa o fez com comportamentos visíveis e coerentes dos líderes. Seu CEO deu o exemplo, vendendo os três jatos da empresa e pegando vôos comerciais em suas viagens — na classe econômica. E não havia mais limusines esperando por ele no aeroporto. "Não me importo de pegar um táxi", disse ele à imprensa. "Eles podem me levar aonde tenho de ir com a mesma rapidez." Os outros executivos em viagem pela empresa seguiram o exemplo do chefe. As pessoas perceberam.

Qual dessas empresas você acha que teve mais sucesso em angariar apoio para seu programa de mudança?

A SQA, a unidade de móveis para escritório de baixo custo que teve sucesso na Herman Miller, mencionada em capítulo anterior, também usou um conjunto coerente de mensagens em apoio à sua estratégia de atendimento de pedidos preciso e no prazo. Todos entenderam que essa era a medida fundamental de sucesso da unidade. Assim, os gerentes da SQA elaboraram várias maneiras de reforçar essa mensagem. Por exemplo, a cada manhã eles exibiam a porcentagem de pedidos no prazo do dia anterior em todas as entradas da fábrica. Era impossível entrar e não tomar conhecimento desses números. Eles também acrescentavam as mais recentes estatísticas sobre o atendimento em cada e-mail interno. "Ontem a porcentagem de pedidos atendidos satisfatoriamente foi de 99,2." O vice-presidente de operações chegou a adotar a prática de perguntar aleatoriamente a funcionários se eles sabiam da pontuação do desempenho do dia anterior. Uma resposta correta era recompensada com uma nota de 100 dólares ou um dia de folga.

Que mensagens ou comportamentos seriam coerentes com o programa de implementação de sua empresa?

Desenvolva estruturas de capacitação

Estruturas de capacitação são atividades e programas que escoram a implementação bem-sucedida e são uma parte fundamental do plano geral. Essas estruturas incluem programas pilotos, treinamento e sistemas de recompensa.

Os programas piloto dão às pessoas oportunidades de lutar com a implementação e seus problemas em uma escala menor e mais administrável. Eles são espaços de teste em que os implementadores podem experimentar as iniciativas e corrigi-las antes de levá-las adiante de forma mais ampla. Estes programas podem ser valiosos terrenos de prova, uma vez que quase sempre é mais fácil e menos arriscado mudar um único departamento do que toda uma empresa.

Os programas de treinamento podem produzir o mesmo efeito. A Motorola e a General Electric desenvolveram programas de treinamento formais que servem como capacitadores-chave para as estratégias de qualidade adotadas por estas empresas. A Xerox fez o mesmo quando criou o programa de *benchmarking* da empresa, em meados da década de 1980. Todos os funcionários da Xerox receberam uma cópia do "livrinho amarelo", como chamavam o manual da empresa sobre métodos de *benchmarking*, e treinadores qualificados foram colocados em quase todas as unidades operacionais da empresa.

Os sistemas de recompensa também têm importância na capacitação. As pessoas em geral adotam comportamentos que produzem recompensas, e abandonam aqueles que não são recompensados. Assim, se seu plano de ação pede às pessoas que ou trabalhem mais, ou com mais inteligência, ou trabalhem de novas maneiras, seu sistema de recompensa deve estar alinhado com estes comportamentos desejados. Os detalhes e armadilhas da elaboração de programas de incentivo são complexos e determinados pela situação. Assim, precisam ser preparados de acordo com o contexto de cada organização. Aqui estão algumas perguntas que você deve fazer ao considerar a criação de estruturas de capacitação:

- Você pode encontrar um lugar para o programa piloto em sua implementação da estratégia?
- Que treinamento, se houver algum, é adequado antes de continuar com os planos de ação?
- O comportamento dos funcionários está alinhado com os planos de ação através de recompensas?

Comemore os marcos

A implementação da estratégia pode ser uma estrada longa e frustrante. As pessoas tendem a se cansar ou perder o interesse se não forem tomadas medidas positivas para manter elevados seu estado de espírito e sua energia. Você pode manter as pessoas acesas se identificar marcos — mesmo pequenos — e comemorá-los à medida que forem atingidos. (Ver "Dicas para comemorar vitórias de curto prazo".) Comemorar uma série de vitórias de curto prazo pode:

- neutralizar o ceticismo em relação à estratégia e aos esforços de implementação;
- dar provas de que os sacrifícios e o trabalho árduo das pessoas estão valendo a pena;
- ajudar a sustentar o apoio;
- manter o ímpeto; e
- aumentar o moral.

Dicas para comemorar vitórias de curto prazo

Aqui estão algumas idéias para comemorar as vitórias de curto prazo e manter sua equipe incentivada:

- Providencie um almoço para os implementadores — e leve um convidado que possa falar do sucesso de sua empresa na realização de algo similar.
- Reserve uma tarde para uma partida de futebol.
- Reconheça o trabalho de colaboradores excepcionais.

Faça algo maior para sucessos maiores. Por exemplo, quando você tiver alcançado com sucesso a metade do seu objetivo, dê um jantar com o CEO como convidado e orador. O que quer que você faça, é muito importante marcar as passagens pela estrada em direção à implementação completa.

Há uma linha tênue entre comemorar um marco bem-sucedido e fazer uma declaração prematura de vitória. Atravessar essa linha pode enfraquecer o estado de alerta de que você precisa para manter as pessoas motivadas e avançando rumo ao progresso. John Kotter, que lista a "vitória declarada cedo demais" entre os motivos para que os esforços de transformação fracassem, diz que os precursores da mudança e os que resistem a ela têm motivos para cometer esse erro. "Em seu entusiasmo com um sinal claro de progresso", escreve ele, "os precursores exageram. Depois os [resistentes] se associam a eles e rapidamente assinalam qualquer oportunidade para interromper a mudança (...). [Os resistentes] apontam para a vitória como um sinal de que a guerra foi vencida e as tropas devem voltar para casa."[3] Sobrevém a catástrofe se as tropas cansadas aceitarem este argumento e voltarem para suas atividades habituais.

Assim, em vez de declarar vitória, use a credibilidade e o ímpeto conquistados com a vitória de curto prazo para reunir as tropas para o ataque ao próximo marco.

Comunique-se incansavelmente

A comunicação é a ferramenta de implementação mais importante disponível para a gerência. Ela deve usar a comunicação para deixar claro:

- o que é a estratégia;
- por que a estratégia é importante;

- como a implementação eficaz beneficiará a empresa e os funcionários; e
- que papel cada um terá na implementação da estratégia.

Estes quatro pontos devem formar o cerne da preleção do CEO a gerentes e funcionários. E eles devem ser o cerne de toda a comunicação da gerência com seus subordinados, diretos ou não.

A comunicação é uma ferramenta eficaz para motivar os funcionários, para superar a resistência, para preparar as pessoas para as vantagens e desvantagens da mudança e para dar aos funcionários um interesse pessoal na implementação da estratégia. A comunicação eficaz pode estabelecer a tônica para o trabalho difícil à frente, sendo decisiva para a implementação desde o início. Mas não dependa de um único anúncio bombástico para manter os funcionários alinhados com o esforço. A comunicação deve ser contínua. Aqui estão algumas dicas para se comunicar durante um esforço de mudança:[4]

1. **Especifique a natureza da nova estratégia e os resultados que você almeja.** *Slogans*, temas e expressões não definem o que a estratégia deve realizar. Comunique informações específicas sobre como a nova estratégia irá afetar a satisfação do cliente, a qualidade, a participação de mercado, as vendas, ou a produtividade.

2. **Explique por quê.** Os funcionários em geral desconhecem os motivos da empresa para mudar de estratégia. Você pode ter passado muito tempo analisando o problema e cavando informações, mas seus colegas não estão a par desses dados. Além disso, divida com os funcionários as várias opções disponíveis e por que uma é melhor do que as outras.

3. **Explique a abrangência da mudança de estratégia, mesmo que contenha más notícias.** Algumas pessoas serão mais afetadas do que outras. E isso leva a muita especulação que gera medo. O medo e a incerteza podem paralisar uma empresa. Você pode provocar um curto-circuito no medo e na incerteza com as informações. Mas não as adoce. Se pessoas serão demiti-

das, seja franco com relação a isso. Se outros irão precisar de treinamento, diga. Explique também as coisas que *não* vão mudar. Isto vai ajudar a ancorar as pessoas.

4. **Desenvolva uma representação gráfica do plano de ação da implementação que as pessoas possam entender e manter em mente.** Pode ser um fluxograma do que deve acontecer, ou uma imagem gráfica de como a empresa ficará com a mudança. Seja o que for, use algo claro, simples e de fácil memorização.

5. **Preveja os aspectos negativos da implementação.** Existem aspectos negativos e as pessoas devem prevê-los. Estes incluem trabalho árduo, mudanças nas atribuições e problemas frustrantes. Se você preparar as pessoas para essas eventualidades, elas não se deixarão perturbar por elas.

6. **Explique os critérios para o sucesso e como ele será medido.** Defina claramente o sucesso e elabore métricas para o progresso. Isto faz parte de seu plano de ação. Se você deixar de estabelecer medidas claras para o que pretende realizar, como as pessoas saberão se estão avançando ou se estão na direção certa? Meça o progresso à medida que você avançar — e depois comunique este progresso.

7. **Explique como as pessoas serão recompensadas pelo sucesso.** Como já dissemos, as pessoas precisam de incentivos para o trabalho extra e para as rupturas que a mudança exige. Seja muito claro sobre como os indivíduos serão recompensados pelo progresso nas metas de implementação.

8. **Repita, repita e repita o propósito da mudança e as ações planejadas.** Se o anúncio inicial não gerar questionamentos, não interprete o silêncio como sinal de aprovação dos funcionários. Eles podem simplesmente estar surpresos, confusos ou chocados. Assim, acompanhe seu anúncio inicial com outra reunião. Faça comunicados que se voltem para cada aspecto do projeto de mudança.

9. **Use um conjunto diversificado de estilos de comunicação.** Algumas pessoas são mais receptivas à palavra impressa, ou a fluxogramas. Outras

reagem melhor a palestras. Uma vez que cada público contém pessoas com diferentes estilos de aprendizado, providencie uma mistura de meios — boletim, eventos, e-mails e palestras — para manter as pessoas informadas, envolvidas e estimuladas. Esses comunicados devem ser sinceros sobre os sucessos e fracassos. Se as pessoas perderem a confiança no que estão ouvindo, sairão de sintonia.

10. **Faça com que a comunicação tenha mão dupla.** Lembre-se de que a implementação da estratégia é uma ação conjunta. Assim, fale e ouça com a mesma atenção. Isto ajudará a manter os outros envolvidos e motivados. Os líderes precisam de *feedback* e os implementadores do trabalho precisam de oportunidades para partilhar com os líderes o que aprenderam e suas preocupações.

11. **Seja coerente.** Se você for o chefe, as pessoas estarão de olho em você. Elas vão ouvir suas palavras, mas também procurarão por incoerências entre o que você diz e o que comunica pela linguagem corporal e o comportamento. Você fala e age com um entusiasmo genuíno? Seu tom e suas maneiras indicam confiança no projeto de implementação, ou você parece estar sendo levado pela correnteza? Procure se ver assim como os demais o vêem.

No final, o aspecto pessoal na implementação deve ser a preocupação mais importante dos gerentes. Sem o compromisso e o trabalho árduo dos funcionários, os planos de ação serão desperdício de papel.

Resumo

- Consiga que as pessoas certas se envolvam na implementação: indivíduos com habilidades técnicas comprovadas, pessoas com acesso a recursos essenciais e os líderes inatos a quem as pessoas se voltam naturalmente em busca de conselhos quando encontram obstáculos.

- Mantenha as pessoas egocêntricas, inacessíveis ou desestimuladas, bem como os encrenqueiros, longe da equipe de implementação.
- Mantenha a coerência entre seu discurso e seu comportamento. Não peça às pessoas para que façam sacrifícios em nome da nova estratégia se você, como líder, não está disposto a se sacrificar.
- A implementação bem-sucedida é sustentada por estruturas de capacitação: programas piloto, treinamento e sistemas de recompensa.
- Comemore à medida que atingir marcos importantes. Assim, você ajudará a manter o ímpeto, o apoio e o moral.
- Não declare vitória antes do tempo.
- Mantenha uma comunicação contínua. Lembre as pessoas da natureza da estratégia, por que ela é importante, como beneficiará os funcionários e a empresa e os papéis que eles devem desempenhar.
- Seja receptivo à comunicação de terceiros.

9

A estratégia como um trabalho contínuo

Continue olhando para o futuro

Principais tópicos abordados neste capítulo

- *Por que os executivos devem avaliar a eficácia da estratégia*
- *A utilização de coeficientes financeiros,* balanced scorecard *e análise de mercado para medir a eficácia da estratégia*
- *Sinais de alerta à estratégia*
- *A liderança da mudança estratégica*

SE VOCÊ CRIAR UMA ESTRATÉGIA vencedora e implementá-la bem, poderá se beneficiar sem problemas por alguns anos. Mas nenhuma estratégia é eficaz para sempre. Algo no ambiente externo um dia muda, tornando sua estratégia ineficaz ou não lucrativa. É difícil pensar em um setor em que isto não tenha acontecido. Como lembrou Clayton Christensen aos leitores da *Harvard Business Review* anos atrás:

> *É sensato analisar a lista de estratégias de grandes corporações no passado: a produção em massa da Ford de automóveis padronizados, a adoção de integração vertical e projeto de carros adaptados às preferências dos clientes em cada segmento de mercado da General Motors; a estratégia da Xerox de vender cópias em vez de copiadoras; e as vendas de mercadorias confiáveis a preços razoáveis da Sears em lojas situadas em subúrbios em crescimento. Guiadas por estratégias brilhantes, essas empresas ascenderam à proeminência. E, no entanto, quando mudaram as condições em seus ambientes competitivos, cada uma delas achou extraordinariamente difícil mudar a direção estratégica.*[1]

Muitas equipes gerenciais, infelizmente, são incapazes (ou não estão dispostas a isso) de reconhecer quando suas estratégias se tornam menos poderosas — se não obsoletas. Por miopia ou arrogância, elas deixam de entender como o ambiente externo está mudando e não se adaptam. A *re*-criação de estratégia, então, é uma exigência contínua do bom gerenciamento. Ela é, para citar Michael Porter, "um processo de sedução que corteja os clientes de posições estabelecidas ou atrai novos clientes ao mercado".[2]

Este capítulo explica como os gerentes podem avaliar a eficácia de suas estratégias e reconhecer os sinais de alerta de que elas estão perdendo o poder de capturar clientes e satisfazê-los. A natureza temporária da estratégia bem-sucedida deve alertar todo líder a vasculhar continuamente o ambiente externo em busca de ameaças e novas oportunidades, como descrevemos anteriormente neste livro. O que eles aprendem por meio dessa procura deve nortear seu pensamento sobre a hora de alterar ou substituir a estratégia atual.

Até que ponto sua estratégia está funcionando?

O modelo de estratégia apresentado na introdução deste livro (Figura I.1) indicou ciclos de *feedback* da medição de desempenho do modelo ao início do processo de criação de estratégia. A medição diz aos líderes até que ponto sua estratégia e a implementação estão funcionando. Medidas abaixo do padrão devem incitá-los a olhar novamente o ambiente externo em busca de ameaças e oportunidades, e o ambiente interno em busca de capacidades existentes. Esta seção delineia três abordagens à medição de desempenho da estratégia: análise financeira, o *balanced scorecard* e a análise de mercado.

Análise financeira

A prova de força ou fraqueza de uma estratégia é refletida nas declarações financeiras da empresa: em particular seu balanço e a Demonstração do Resultado do Exercício — DRE. O exame dos coeficientes de lucratividade baseados nos números da declaração financeira proporciona mais *insight* sobre a eficácia da estratégia.

DECLARAÇÕES FINANCEIRAS. O balancete descreve os ativos que a empresa possui e como estes ativos são financiados — com os fundos de credores (passivos) e o capital dos proprietários. A declaração de rendimentos (DRE) indica os resultados cumulativos de operações em um período de tempo. Ao comparar estes resultados de um ano com o seguinte, é possível medir a eficácia da estratégia e de sua implementação através das operações — embora seja difícil separar as duas coisas. Considere o caso da Amalgamated Hat Rack Company, cuja declaração de renda multiperíodo é representada na Tabela 9.1. As vendas no varejo da Amalgamated demonstram um crescimento estável mesmo quando suas despesas operacionais estavam sob controle. Algo estava indo bem ali. As vendas corporativas da empresa, porém, estão caindo de um ano para outro. Se as vendas corporativas forem uma parte importante da estratégia da Amalgamated, então algo está dando errado, seja com a estratégia, seja com sua execução. Essa informação quantitativa deve alertar a gerência sobre olhar o problema mais de perto.

TABELA 9.1
Declaração de renda multiperíodo da Amalgamated Hat Rack

	Para o período encerrado em 31 de dezembro			
	2004	2003	2002	2001
Vendas no varejo	US$2.200.000	US$2.000.000	US$1.720.000	US$1.500.000
Vendas corporativas	US$1.000.000	US$1.000.000	US$1.100.000	US$1.200.000
Total de receita de vendas	US$3.200.000	US$3.000.000	US$2.820.000	US$2.700.000
Menos: Custo de bens vendidos	US$1.600.000	US$1.550.000	US$1.400.000	US$1.300.000
Lucro líquido	US$1.600.000	US$1.450.000	US$1.420.000	US$1.400.000
Menos: Despesas operacionais	US$800.000	US$810.000	US$812.000	US$805.000
Despesas de depreciação	US$42.500	US$44.500	US$45.500	US$42.500
Ganhos antes dos juros e impostos	US$757.500	US$595.500	US$562.500	US$552.500
Menos: Despesas internas	US$110.000	US$110.000	US$150.000	US$150.000
Ganhos antes do Imposto de Renda	US$647.500	US$485.500	US$412.500	US$402.500
Menos: Imposto de Renda	US$300.000	US$194.200	US$165.000	US$161.000
Renda líquida	US$347.500	US$291.300	US$247.500	US$241.500

Fonte: Harvard Business Essentials: Finance for Managers (Boston: Harvard Business School Press, 2002), 15.

Os gerentes também podem ter *insights* examinando os principais índices retirados do balancete e da declaração de rendimentos. Os índices ajudam um analista ou agente de decisão a formar uma história sobre de onde vem uma organização, sua condição atual e seu possível futuro. Em muitos casos, a história contada por estes coeficientes é incompleta, mas já é um começo.

ÍNDICES DE LUCRATIVIDADE. Os índices de lucratividade associam a quantidade de renda ganha com os recursos usados para gerá-la. Salvo a inépcia na implementação operacional, a estratégia da empresa deve produzir o maior lucro possível de uma dada quantidade de recursos. Os índices de lucratividade a recordar são o retorno sobre os ativos (ROA); retorno sobre o patrimônio (ROE); retorno sobre o investimento (ROI); e margem operacional, ou ganhos antes dos juros e dos impostos (EBIT).

O retorno sobre os ativos relaciona a renda líquida à base total de ativos da empresa e é representado como se segue:

ROA = Renda líquida/Ativos totais

O ROA relaciona a renda líquida ao investimento em todos os recursos financeiros sob o controle da gerência. É uma medida útil de aproveitamento eficaz de recursos sem levar em conta como eles foram obtidos ou financiados — um fator que não deve ser considerado no exame da eficácia da estratégia.

O *retorno sobre o patrimônio* relaciona a renda líquida aos recursos financeiros investidos pelos acionistas. É uma medida da eficiência com que o dinheiro dos acionistas foi utilizado na empresa. O ROE é calculado como se segue:

ROE = Renda líquida/Capital dos acionistas

A expressão "retorno sobre o investimento" em geral é usada em discussões de negócios que envolvem a lucratividade. Por exemplo, expressões como "Almejamos um ROI de 12%" são comuns. Infelizmente, não existe uma definição padrão para o ROI, uma vez que o "investimento" pode ser formado de muitas maneiras. O investimento pode representar os ativos comprometidos em uma determinada atividade, o capital dos acionistas envolvido, ou os ativos investidos menos quaisquer passivos gerados pelo envolvimento de uma empresa em um projeto. O ROI também pode se referir à taxa interna de retorno, um cálculo muito específico do retorno. Assim, quando alguém usa a expressão "retorno sobre o investimento", *sempre* é preciso fazer um esclarecimento. Pergunte, "Como você calcula o investimento?"

A margem de ganhos antes dos juros e dos impostos, conhecida como *margem operacional*, é utilizada por muitos para medir a lucratividade das atividades operacionais de uma empresa. A margem operacional ignora as despesas de juros e impostos sobre os quais a gerência atual pode não ter controle algum, dando assim uma indicação clara do desempenho gerencial. Para calcular a margem operacional, use a seguinte fórmula:

Margem operacional = EBIT/Vendas líquidas

Nenhum desses índices é um indicador seguro da força ou fragilidade de uma estratégia, uma vez que cada um deles reflete tanto a estratégia como sua execução. No entanto, os índices que se apresentam inferiores aos das empresas semelhantes, ou que estão caindo de um ano para outro, devem disparar o alarme no gabinete executivo e estimular a gerência sênior a investigar as causas. Será a estratégia, ou a estratégia estará sendo mal executada?

De medidas financeiras ao *balanced scorecard*

Os coeficientes financeiros contam a história do desempenho da empresa, e gerações de executivos os têm utilizado para administrar suas operações. Mas os coeficientes financeiros não são botões que podemos acionar para fazer com que as coisas aconteçam — em vez disso, são resultados de dezenas de outras atividades. E eles se voltam para o passado, para os produtos de atividades anteriores. Pior ainda: as medidas tradicionais podem dar indicações erradas. Por exemplo, as medidas de lucro que se mostram muito boas neste ano podem ser o resultado de cortes drásticos no desenvolvimento de novos produtos e reduções no treinamento de funcionários. Superficialmente, a alta lucratividade atual pode dar uma ilusão de tranqüilidade, mas os cortes nos projetos de desenvolvimento e no treinamento colocam em risco os lucros futuros. Da mesma forma, os coeficientes financeiros não medem diretamente coisas como a satisfação dos clientes e o aprendizado organizacional, que garantem a lucratividade de longo prazo.

Frustrados com as inadequações dos sistemas de medição de desempenho tradicionais, alguns gerentes passaram a se concentrar nas atividades operacionais que os produzem. Esses gerentes seguem o lema "Faça melhorias operacionais, e os números de desempenho melhorarão também". Mas que melhorias são as mais importantes? Quais são os verdadeiros motores do desempenho financeiro de longo prazo? Para responder a essas perguntas, o professor da Harvard Business School, Robert Kaplan e seu colega David Norton pesquisaram várias empresas com medidas de desempenho de destaque. A partir desta pesquisa, eles desenvolveram o que chamam de *balanced scorecard*, um novo sistema de medição de desempenho que dá à alta gerência uma visão mais abrangente da empresa. O *balanced scorecard* inclui medidas financeiras que indicam o resultado de ações passadas. E ele complementa aquelas medidas financeiras com três conjuntos de medidas operacionais que estão diretamente relacionadas com a satisfação do cliente, processos internos e capacidade da organização de aprender e melhorar — as atividades que impelem o desempenho financeiro futuro. Neste sentido, o *scorecard* avalia a estratégia e a implementação operacional da empresa.

Kaplan e Norton compararam o *balanced scorecard* com os *dials* e indicadores da cabine de comando de um avião:

> *Para a tarefa complexa de fazer um avião voar, os pilotos precisam de dados detalhados sobre muitos aspectos do vôo. Eles precisam de informações sobre combustível, velocidade do ar, altitude, orientação, destino e outros indicadores que resumem o cenário atual e previsto. A dependência de um só instrumento pode ser fatal. Da mesma forma, a complexidade de gerenciar uma organização hoje em dia requer a capacidade dos gerentes de lidarem com dados desempenho de várias áreas ao mesmo tempo.*[3]

O *balanced scorecard* de Kaplan e Norton usa quatro perspectivas para ligar as medidas de desempenho e para galvanizar a ação gerencial. Coletivamente, essas perspectivas dão à alta gerência respostas oportunas a quatro questões fundamentais:

- Como os clientes nos vêem? (a perspectiva do cliente)
- Em que devemos nos superar? (a perspectiva interna)
- Será que podemos continuar a melhorar e criar valor? (a perspectiva da inovação e do aprendizado)
- Como os nossos acionistas nos vêem? (a perspectiva financeira)

A Figura 9.1 indica as ligações entre as quatro perspectivas. A vantagem do *balanced scorecard* sobre outras medidas tradicionais é que três das quatro perspectivas (cliente, inovação e aprendizado, e interna) são mais do que resultados — são alavancas que a gerência pode manipular para melhorar os resultados futuros. Por exemplo, se o indicador da perspectiva do cliente está em declínio, a gerência tem uma idéia bem clara de em que intervir. Se usados conjuntamente, o *balanced scorecard* e a análise tradicional de coeficientes podem ajudar os gerentes a entender a eficácia de sua estratégia *e* identificar as áreas onde a implementação precisa funcionar.

Análise de mercado

Há não muitos anos, um importante editor de livros universitários parecia satisfeito com seus resultados. A receita das vendas estava subindo, ano após ano, mais rápido do que as despesas. Parecia haver muito dinheiro de bonificação chegando — para acionistas, gerentes da empresa e para a equipe de vendas. Só dois fatos perturbadores se intrometiam em seu quadro de felicidade. Primeiro, as vendas por unidade da empresa eram estáveis, e assim permaneceram por três anos consecutivos. O crescimento da receita era simplesmente o resultado do aumento de seus preços; uma tática que certamente não daria certo para sempre. Segundo, as receitas dependiam da venda contínua de cinco livros. Embora o editor promovesse ativamente 180 títulos do catálogo, esses cinco eram responsáveis por 38%

da receita total. E cada um deles estava no mercado havia 15 anos. Nenhum dos muitos outros livros que esse editor lançara durante o período de 15 anos chegou perto de competir por uma posição forte no mercado.

FIGURA 9.1

As ligações do *balanced scorecard* com medidas de desempenho

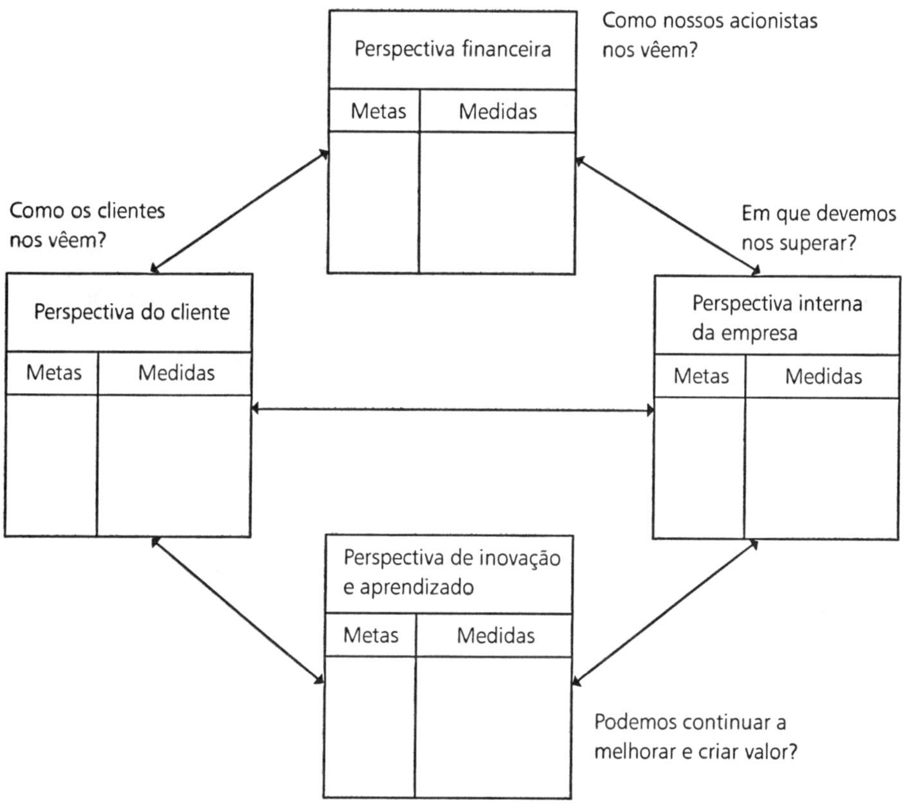

Fonte: Robert S. Kaplan e David P. Norton, "The Balanced Scorecard", *Harvard Business Review* (janeiro-fevereiro de 1992), 72.

Aparentemente, a estratégia do editor parecia estar funcionando. Mas a análise de mercado revelou que havia um impasse — uma estagnação mantida por um punhado de produtos envelhecidos. Embora a equipe de vendas estivesse ganhando bonificações anuais por bater regularmente as quotas de receita em expansão, ela não estava conquistando nada de novo no mercado. E embora os editores estivessem desenvolvendo e lançando novos livros a cada ano, a empresa vivia dos sucessos do passado. Claramente, essa empresa precisava examinar sua estratégia mediante a análise de mercado e descobrir o que havia de errado.

A análise de mercado é um grande tema, amplo demais para ser abordado aqui. Mas você pode apreender muitos de seus benefícios se concentrar sua atenção em algumas atividades:

- **Aquisição de clientes.** Você está tendo êxito na aquisição de novos clientes a um custo aceitável?
- **Lucratividade de clientes.** Seus clientes atuais são de atendimento lucrativo? Algumas empresas focalizam somente no número de novos clientes ou contas que conseguem manter, embora muitos destes clientes atravanquem os lucros.
- **Retenção de clientes.** Você está retendo os clientes mais valiosos a um custo razoável?
- **Novos produtos/serviços.** Seus novos produtos/serviços são lucrativos e bem-sucedidos?
- **Participação de mercado.** Você está ganhando participação em segmentos de mercado importantes?

Respostas negativas a qualquer uma das perguntas nessa curta lista devem levá-lo a reexaminar sua atual estratégia de negócios.

Sinais de alerta

Os problemas estratégicos dificilmente aparecem da noite para o dia; em geral, existem sinais de alerta de que algo está errado. Esta seção descreve dois desses sinais e como reagir a eles.

O aparecimento de novos concorrentes

Toda estratégia bem-sucedida e lucrativa cria um problema indesejado: ela atrai concorrentes como abelhas a flores. A não ser que se coloquem obstáculos em seus caminhos, o mercado um dia acaba saturado, e a concorrência e o excesso de oferta destruirão os lucros de todos. E alguns desses iniciantes podem trazer algo diferente e superior ao mercado — por exemplo, tornando seu produto ou serviço de aquisição mais conveniente.

Considere o exemplo das locadoras de vídeo que ainda povoam muitas cidades e bairros urbanos. Quando os filmes foram disponibilizados em VHS (e o formato "Beta" da Sony), pequenos empreendedores montaram locadoras para atender aos mercados locais. E muitos se saíram extremamente bem. Esse era um negócio de entrada muito fácil, que exigia pouco *know-how* técnico ou capital. Quando a lucratividade dos primeiros vendedores ficou evidente, outros invadiram o mercado, levando a uma redução dos preços e diminuindo as vendas de quase todos os participantes. Por fim, o mercado americano para vídeos foi tomado (como sempre parece acontecer nos Estados Unidos) por grandes cadeias nacionais como a Blockbuster e a Hollywood Hits. Estas operadoras tinham vantagens de escala que as concorrentes pequenas de bairro não podiam acompanhar. Muitos dos empreendedores originais saíram do negócio.

A lucratividade das grandes cadeias, por sua vez, atraiu concorrentes inovadores, que estavam usando filmes que podiam ser baixados da Internet, na linha *pay-per-view*, e locações com entrega pelos Correios para conseguir participação de mercado.

Se seu negócio é bem-sucedido, é sinal de que ele fornece algo único que os clientes valorizam — ou vende/fornece o produto ou serviço de uma forma que eles valorizam (mais rapidamente ou com mais conveniência). Essas qualidades diferenciam sua empresa e dão a ela uma vantagem competitiva. A vantagem competitiva dessa diferenciação desaparecerá se novos empreendedores começarem a fazer o mesmo.

Agora, pergunte a si mesmo: "Com que facilidade as qualidades únicas de nossa empresa ou de seus produtos podem ser copiadas pelos outros?" Se elas puderem ser facilmente copiadas, prepare-se para dividir o mercado.

A invasão de mercado por imitadores é um lugar comum, e poucos líderes de mercado conseguem barrar a entrada. Considere o caso da Apple Computer e seu popular *player* de música digital iPod. A Apple lançou o iPod em novembro de 2001. Não foi o primeiro destes dispositivos, mas suas qualidades de *design* e a capacidade de armazenar mais de mil músicas rapidamente fez dele um grande sucesso — o maior da Apple desde sua linha Macintosh de computadores. A empresa procurou se proteger de plagiadores diretos por meio de um *design* patenteado e pela contratação de peças de fabricação do iPod a um mix de fornecedores que operavam sob acordos de sigilo. Na época da redação deste livro, a Apple ainda tinha a maior parcela do mercado e a mantinha por meio de novos lançamentos de modelos aprimorados. Porém, isto não impediu que outros, inclusive vendedores formidáveis como a Hewlett-Packard, a Dell, a Sony e a Samsung, entrassem no mercado e cavassem suas próprias participações.

Há várias defesas possíveis contra a invasão de rivais que procuram entrar em seu mercado:

1. Erguer deliberadamente barreiras à entrada. Por exemplo, um proprietário de lanchonete em uma pequena cidade pode comprar os imóveis que seriam mais atraentes para um possível rival.

2. Não maximizar os lucros. Se você for o líder de mercado, procure a hegemonia na participação de mercado e não a maximização dos lucros. Isto pode parecer uma heresia, mas em geral faz sentido. Ao estabelecer uma estrutura de fixação de preços que produza somente lucros modestos, menos concorrentes serão atraídos a seu mercado.

3. Explore a *curva de experiência* para se estabelecer como líder de baixo custo. Isto é particularmente importante em setores de tecnologia. Se você puder aprender mais cedo e mais rápido do que os concorrentes, manterá uma vantagem em custo; esta vantagem pode ser grande o bastante para impelir os concorrentes a sair do negócio e manter os demais afastados.

Se nenhum desses antídotos for viável, você deve alterar sua estratégia de modo a diferenciar sua oferta e dar a ela uma vantagem competitiva.

O aparecimento de uma nova tecnologia

O destino de muitas empresas gira em torno de suas tecnologias essenciais. Assim como estas tecnologias contam para seu sucesso, o eclipse destas tecnologias resulta em seu fracasso. Por exemplo, durante o século XIX, retirar gelo de lagos e lagoas era um negócio imenso, em particular na Nova Inglaterra. O gelo recolhido na região de Boston era embalado pela Tucker Ice Company e seus seguidores em recipientes especialmente isolados e embarcados para as cidades da costa do Golfo, para a Inglaterra e para distâncias maiores, como a Índia e a China. Era um negócio maravilhosamente lucrativo até que a tecnologia de refrigeração mecânica foi desenvolvida e difundida em todo o planeta. Devido a esta inovação, a fortuna das grandes companhias de gelo aos poucos derreteu.

A ascensão da fotografia digital é um exemplo mais atual. Mesmo no final da década de 1830, o processamento de imagens era baseado na exposição à luz de um filme ou chapa de vidro revestido de substâncias fotossensíveis. Essa tecnologia foi progressivamente aprimorada ao longo dos anos. A Kodak formou um império na fotografia de base química e fez os maiores progressos nessa área, produzindo filmes, substâncias de processamento e papel fotográfico para mercados de amadores e profissionais. Ela também comercializava câmeras para o consumidor.

A primeira ameaça substancial à fotografia de base química apareceu no início da década de 1980 quando a Sony, uma empresa de produtos eletrônicos, lançou uma câmera que usava tecnologia digital. A ascensão rápida da fotografia digital — que torna obsoleto o uso do filme, das substâncias químicas e da maioria dos papéis — ameaçou diretamente a Kodak e sua infra-estrutura de fabricação. Pior ainda, a Kodak carecia da tecnologia empregada em processamento digital de imagens, pelo menos inicialmente. O universo de concorrentes também mudou drasticamente. O principal rival da Kodak não era mais a fabricante de filmes Fuji; o crescimento explosivo da fotografia digital forçou-a a concorrer com a Nikon, a Canon, a Leica e outros fabricantes estabelecidos de câmeras. Até empresas de eletrônica, como a Sony e a Hewlett-Packard, estavam no páreo. Em meados de 2004, as câmeras digitais tinham penetrado em 40% dos lares americanos e os analistas do setor estavam prevendo mais dois anos de rápido crescimento. Nesta situação, a Kodak tinha de fazer uma mudança estratégica rápida. Para seu mérito, a empresa enfrentou a realidade e canalizou seus recursos estratégicos para a tecnologia do futuro. O que acontecerá a longo prazo, só podemos conjecturar.

Situações como a da Kodak são comuns ao longo das lacunas geradas pelo progresso tecnológico. Os líderes de empresa devem localizar essas rupturas em suas fases iniciais e reformular suas estratégias de acordo com isso. Quando as localizarem, eles não podem enterrar a cabeça na areia.

Quando enfrentam uma tecnologia nova e revolucionária, o impulso de muitas empresas é investir mais ainda nas tecnologias que as tornaram bem-sucedidas. Isto foi observado quando os barcos a vapor desafiaram os fabricantes de barcos a vela, quando os sistemas de iluminação elétrica de Edison desafiaram as empresas de iluminação a gás no final dos anos 1800, e quando os motores a jato desafiaram os motores de avião a pistão no final da década de 1940. Em cada um destes casos, as empresas ameaçadas pelas inovações continuaram a investir e a melhorar marginalmente suas tecnologias maduras mesmo quando as novas estavam se tornando melhores e mais baratas mês a mês.

Os únicos antídotos à invasão de novas tecnologias são:

1. **Antecipe-se a elas.** Tecnologias novas que destroem a estratégia não aparecem plenamente formadas. Elas surgem lentamente, em geral de origens diferentes. Em seus períodos de formação, elas se revelam em artigos científicos e são discutidas em conferências técnicas. Uma empresa atenta — que vasculha continuamente o ambiente externo — pode detectar as novas tecnologias muito antes que elas se desenvolvam a ponto de representarem uma ameaça séria. Isso dá à empresa tempo para se adaptar ou abandonar o barco. Você pode se antecipar às tecnologias emergentes através de políticas que abram as janelas de sua organização ao mundo: mandando pessoal de P&D e de marketing a conferências técnicas, criando uma unidade de pesquisa para analisar a literatura técnica e assim por diante.

2. **Espere por problemas.** Faça esta pergunta: o que poderia destruir nosso negócio? Crie uma equipe com seu pessoal mais brilhante e dê a eles a tarefa de desenvolver uma estratégia de negócios capaz de penetrar seus mercados e roubar os clientes atuais.

Liderando a mudança estratégica

John Maynard Keynes, o economista britânico, estava sendo importunado por um repórter. Por que, perguntava o repórter, Keynes tinha recomendado uma mudança de sua posição política anterior? "Quando a realidade muda, eu mudo de idéia." Keynes perguntou ao repórter, "O que o senhor faz?" Os líderes precisam ser ágeis em seu pensamento, como Lorde Keynes.

Agarrar-se a políticas e estratégias que endossamos e apoiamos por anos quase sempre é mais fácil do que admitir que é hora de passar a algo novo. Veja o caso trágico do presidente americano Lyndon Johnson, que comprometeu forças americanas em anos de guerra sangrenta no Vietnã do Sul. O plano de Johnson para derrotar a guerrilha e as forças invasoras comunistas do norte se baseava em uma "teoria do dominó" que não fora testada. Se o Vietnã do Sul cedesse aos comunistas, de acordo com essa teoria, todo o sudeste da Ásia também cairia. Isso aconteceria com as Filipinas, o Japão e sabe-se lá quem mais. Mesmo enquanto aumentava o tributo cobrado sobre a população e o tesouro americanos e o apoio à guerra diminuía, Johnson manteve o curso. Ele se prendeu à sua política apesar da angústia e das dúvidas substanciais, e apesar da crescente evidência de que a guerra estava terminando mal. No pior momento, seu governo diria à nação que "Existe luz no fim do túnel".

Não é de hoje que líderes políticos e empresariais se prendem por tempo demais a estratégias que não conseguiram realizar seus objetivos e sobreviveram à sua utilidade. Nossa cultura honra a persistência, a resistência à adversidade e a manutenção no curso quando pessoas mais tímidas estão prontas para desistir. Mas, às vezes, não há luz no fim do túnel, e mudar de curso é a ação mais sensata e mais corajosa. Disso se trata a liderança real, muito diferente de simplesmente comandar o *statu quo*. Os sinais financeiros e outros sinais de alerta descritos neste capítulo podem ajudá-lo a identificar a hora de se mexer. A análise contínua dos ambientes externo e interno pode fazer o mesmo.

Resumo

- Nem as estratégias de maior sucesso duram para sempre. Esteja atento aos sinais de que é hora de repensar ou recalibrar sua estratégia atual.
- A análise financeira, o *balanced scorecard* e a análise de mercado podem ajudar a determinar até que ponto sua estratégia e a implementação estão dando certo.
- Os índices de lucratividade — em particular o retorno sobre os ativos, retorno sobre o patrimônio e margem operacional — são indicadores valiosos da eficácia da estratégia e de sua implementação.
- Os índices tradicionais de lucratividade, no entanto, olham apenas para o passado, não avaliam aspectos como satisfação dos clientes e aprendizado organizacional que, a longo prazo, garantem a lucratividade. Muitos consideram a abordagem do *balanced scorecard* mais eficaz para avaliar o desempenho de uma empresa.
- O *balanced scorecard* analisa uma empresa de quatro pontos de vistas: as perspectivas do cliente, a interna, a de inovação e de aprendizado e a financeira.
- A análise de mercado deve, no mínimo, examinar o desempenho da empresa com relação à aquisição de clientes, lucratividade de clientes, retenção de clientes, o sucesso de novos produtos e serviços e participação de mercado.
- Os sinais de alerta de que é hora de reexaminar sua estratégia incluem o aparecimento de novos concorrentes e de uma nova tecnologia.

APÊNDICE

Ferramentas de implementação úteis

Este apêndice contém três planilhas e todos os formulários foram adaptados de Harvard ManageMentor®, um produto *online* da Harvard Business School Publishing. O formulário de Relatório de Progresso de Projeto pode ser baixado gratuitamente do site da série Harvard Business Essentials: www.elearning.hbps.org/businesstools. Os leitores podem acessar livremente essa e outras planilhas, listas de verificação e ferramentas interativas encontradas nesse site.

1. **Planilha para realizar uma análise SWOT (Figura A.1).** A análise SWOT, descrita nos capítulos 1 e 2, é utilizada por planejadores estratégicos para identificar os pontos forte e fracos, as oportunidades e as ameaças de uma empresa. Essa planilha pode ajudar você a ser sistemático ao pensar nesses fatores externos e internos e avaliá-los com relação à sua empresa.
2. **Estrutura analítica do projeto (Figura A.2).** A estrutura analítica do projeto é tomada de empréstimo da arte e da ciência do gerenciamento de projeto e pode ser útil na implementação da estratégia. Você pode usar essa planilha para desconstruir grandes tarefas em suas partes componentes e depois estimar o tempo necessário para completar cada uma delas.
3. **Relatório de Progresso de Projeto (Figura A.3).** Use esse formulário para ajudar a avaliar o progresso, apresentar essa informação aos outros e pensar nos próximos passos.

FIGURA A.1

Planilha para realizar uma análise SWOT

Data da análise: ______________________

O que está sendo analisado:
Isto é, desenvolvimento de novo produto ______________________

Análise interna *Liste os fatores inerentes ao que está sendo analisado.*	
Pontos fortes	Idéias para utilizar esses pontos fortes
Pontos fracos	Idéias para reduzir esses pontos fracos
Análise externa *Liste os fatores externos ao que está sendo analisado, como necessidades dos clientes ou tendências do mercado.*	
Oportunidades	Idéias para investigar ou tirar vantagem dessas oportunidades
Ameaças	Idéias para minimizar ou superar essas ameaças

Fonte: Harvard ManageMentor® sobre Implementação de Estratégia, adaptado com permissão.

FIGURA A.2

Estrutura analítica do projeto

Desenvolva uma estrutura analítica do projeto (EAP) para evitar se esquecer de uma parte significativa de uma atividade complexa ou subestimar o tempo e o dinheiro necessários para completar o trabalho. Use várias páginas, se necessário.

Descreva o projeto geral:			
Principal tarefa	Subtarefas nível 1	Subtarefas nível 2	Duração subtarefa nível 2
Duração total (horas/semanas/dias)			
Principal tarefa	Subtarefas nível 1	Subtarefas nível 2	Duração subtarefa nível 2
Duração total (horas/semanas/dias)			

Fonte: Harvard ManageMentor® sobre Gerenciamento de Projeto, adaptado com permissão.

FIGURA A.3

Relatório de progresso de projeto

Use este formulário para ajudar a avaliar o progresso, apresentar essa informação a terceiros e pensar nos próximos passos.

Projeto: Preparado por:

Para o período de: A:

Situação atual	
Marcos-chave para esse período:	
Realizado (listar)	A seguir (listar)

Problemas-chave:	
Resolvidos (listar)	A serem resolvidos (listar)

Decisões-chave:			
Tomadas (listar)	Precisam ser tomadas (listar)	Por quem	Quando

Situação orçamentária:

Implicações
Liste as mudanças nos objetivos, em prazos limites/entrega, escopo do projeto e alocação de recursos (inclusive pessoal e financeiro)

Próximos passos		
Liste os passos de ação específicos que serão dados para ajudar a tocar este projeto com sucesso. Coloque um nome e uma data ao lado de cada passo, se possível.		
Passo	Responsável	Data

Comentários:

Fonte: Harvard ManageMentor® sobre Gerenciamento de Projeto, adaptado com permissão.

Notas

Introdução

1. Carl von Clausewitz, *On War*, volume 1 (Londres: Kegan Paul), 177.
2. Edward Mead Earle, org., *Makers of Modern Strategy* (Princeton, NJ: Princeton University Press, 1943).
3. Kenneth Andrews, *The Concept of Corporate Strategy* (Homewood, IL: Richard D. Irwin, Inc., 1971).
4. Michael E. Porter, *Competitive Strategy* (Nova York: Free Press, 1980), xxvi.
5. Bruce Henderson, "The Origin of Strategy", *Harvard Business Review*, novembro-dezembro de 1989.
6. Michael E. Porter, "What is Strategy?", *Harvard Business Review*, novembro-dezembro de 1996, 61-78.
7. Joan Magretta, "Why Business Models Matter", *Harvard Business Review*, maio de 2002, 986-92.

Capítulo 1

1. Michael E. Porter, *Competitive Strategy* (Nova York: Free Press, 1980), 3.
2. George Day e David J. Reibstein, *Wharton on Dynamic Competitive Strategy* (Nova York: John Wiley & Sons, Inc., 1997), 23.
3. Michael E. Porter, "How Competitive Forces Shape Strategy", *Harvard Business Review*, março-abril de 1979, 113-145.

Capítulo 2

1. James Surowiecki, *The Wisdom of Crowds* (Nova York: Doubleday, 2004), xvii.
2. Os nove passos são adaptados de Harvard ManageMentor® sobre Implementação de Estratégia, um produto *online* da Harvard Business School Publishing.

Capítulo 3

1. David Bovet e Joseph Martha, *Value Nets* (Nova York: John Wiley & Sons, Inc., 2000), 30.
2. Para mais sobre a USAA, ver Tom Teal, "Service Comes First: An Interview with USAA's Robert F. McDermott", *Harvard Business Review*, setembro-outubro de 1991, 116-127.
3. Forrester Research, News Release, http://biz.yahoo.com/bw/040610/105021_1.html (acessado em 10 de junho de 2004).
4. Michael E. Porter, "What Is Strategy?", *Harvard Business Review*, novembro-dezembro de 1996, 61-78.

Capítulo 4

1. Carl von Clausewitz, *On War*, Volume 1 (Londres: Kegan Paul).
2. David B. Yoffie e Mary Kwak, *Judo Strategy* (Boston: Harvard Business School Press, 2001), 3.
3. Ibid, 59-60.
4. Ibid, 14.
5. Jim Collins, "The Merger Mystery: Why Companies Cannot Buy Their Way to Greatness", *Time*, 20 de novembro de 2004, x.

Capítulo 5

1. Para a história completa, ver David Bovet e Joseph Martha, *Value Nets* (Nova York: John Wiley & Sons, Inc., 2000), 169-182; e "Value Chain Report: Herman Miller Reinvests for Success", *Industry Week Value Chain*, 12 de dezembro de 2000, www.iwvaluechain.com/Columns/columns.asp?/ColumnId-720 (acessado em 28 de janeiro de 2001).

2. Jeffrey Pfeffer, *The Human Equation* (Boston: Harvard Business School Press, 1998), xvi.
3. George Labovitz e Victor Rosansky, *The Power of Alignment* (Nova York: John Wiley & Sons, Inc., 1997), 35-36.
4. Dwight Gertz e João Baptista, *Grow to Be Great* (Nova York: Free Press, 1995), 154-155.
5. David J. Collis e Cynthia A. Montgomery, "Creating Corporate Advantage", *Harvard Business Review*, maio-junho de 1998, 70-83.
6. Michael E. Porter, "What Is Strategy", *Harvard Business Review*, novembro-dezembro de 1996, 61-78.
7. Ibid, 70.
8. Ver About Us/McKnight Principles, Web site da 3M Company, www.3M.com (acessado em 5 de outubro de 2004).

Capítulo 6

1. Esse capítulo sobre planos de ação é adaptado de Harvard ManageMentor® sobre Implementação de estratégia, um produto *online* da Harvard Business School Publishing.

Capítulo 7

1. Partes desse capítulo são adaptadas de Harvard ManageMentor® sobre Implementação de Estratégia, um produto *online* da Harvard Business School Publishing.
2. Larry Bossidy e Ram Charan, *Execution: The Discipline of Getting Things Done* (Nova York: Crown Business, 2002), 15.

Capítulo 8

1. Michael L. Tushman e Charles A. O'Reilly III, *Winning Through Innovation* (Boston: Harvard Business School Press, 1997), 190.
2. John Kotter, *Leading Change* (Boston: Harvard Business School Press, 1996).

3. John Kotter, "Leading Change: Why Transformation Efforts Fail", *Harvard Business Review*, março-abril de 1995, 66.
4. Adaptado de Rebecca Saunders, "Communicating Change", *Harvard Management Communication Letter* (agosto de 1999).

Capítulo 9

1. Clayton M. Christensen, "Making Strategy: Learning by Doing", *Harvard Business Review*, novembro-dezembro de 1997, 141.
2. Michael E. Porter, "What Is Strategy", *Harvard Business Review*, novembro-dezembro de 1996, 61-78.
3. Robert S. Kaplan e David P. Norton, "The Balanced Scorecard: Measures That Drive Performance", *Harvard Business Review*, janeiro-fevereiro de 1992. Para uma discussão mais completa do *balaced scorecard* e sua implementação, ver Robert S. Kaplan e David P. Norton, *The Balanced Scorecard* (Boston: Harvard Business School Press, 1996).

Glossário

ALINHAMENTO. Para uma empresa, uma condição em que as estruturas organizacionais, seus sistemas de apoio, habilidades humanas, recursos e incentivos dão apoio às metas estratégicas.

AMEAÇAS. Em uma análise SWOT, os eventos ou forças possíveis contra os quais uma empresa ou unidade deve estar preparada.

ANÁLISE SWOT. Análise que investiga os pontos fortes, os pontos fracos, as oportunidades e as ameaças enfrentadas por uma empresa ou unidade operacional.

BALANCED SCORECARD. Um sistema de medição de desempenho que inclui medidas financeiras e três conjuntos de medidas operacionais que estão diretamente relacionadas com a satisfação dos clientes, os processos internos e a capacidade da empresa de aprender e melhorar — as atividades que impelem os desempenhos financeiros futuros.

BENCHMARKING. Um método objetivo para classificar as próprias atividades em comparação com atividades semelhantes realizadas por organizações reconhecidas pelo melhor desempenho. Além de providenciar um método de auto-avaliação, o *benchmarking* tem como objetivo identificar oportunidades para a melhoria de processo.

COMPETÊNCIA ESSENCIAL. Uma expertise ou habilidades de uma empresa em áreas-chave que produzem diretamente um desempenho superior.

CULTURA. Os valores, tradições e estilo operacional de uma empresa.

CURVA DE EXPERIÊNCIA. Um conceito segundo o qual o custo de fazer uma tarefa repetitiva diminui a certa porcentagem a cada vez que o volume cumulativo da produção dobra.

EFEITO DE REDE. Um fenômeno em que o valor de um produto aumenta à medida que mais produtos são vendidos e a rede de usuários cresce.

ELASTICIDADE-PREÇO DA DEMANDA. Uma medida quantitativa de sensibilidade do cliente ao preço.

ESTRATÉGIA DE DIFERENCIAÇÃO. Uma estratégia em que uma empresa deliberadamente destaca seu produto ou serviço daqueles dos rivais, de forma qualitativa que os clientes valorizem.

ESTRATÉGIA DE FOCO. Uma estratégia de negócios baseada na meta de servir com excelência a um mercado-alvo ou a um grupo de clientes.

ESTRATÉGIA DO JUDÔ. De acordo com o conceito dos autores David Yoffie e Mary Kwak, movimentos estratégicos baseados nos princípios do movimento, equilíbrio e da alavancagem.

ESTRATÉGIA DO VENCEDOR LEVA TUDO. O mesmo que *estratégia de efeito de rede.*

ESTRATÉGIA. Um plano que diferenciará a empresa e dará a ela uma vantagem competitiva sobre os rivais.

ESTRUTURA ANALÍTICA DO PROJETO. Uma ferramenta de planejamento que desconstrói as metas de um projeto em muitas tarefas e subtarefas necessárias para realizá-la.

IMPLEMENTAÇÃO. As medidas concretas que transformam a intenção estratégica em realidade.

INTERCÂMBIO. Pontos de colaboração interfuncional em busca de uma meta. Podem assumir a forma de uma força-tarefa, indivíduos cooperativos em departamentos que fornecessem recursos ou conselhos e assim por diante.

KAIZEN. Uma filosofia de melhoria contínua de processo que estimula a todos, em qualquer nível, a buscar formas de melhorar incrementalmente o que estão fazendo.

MARGEM OPERACIONAL. Um coeficiente financeiro usado por muitos analistas para medir a lucratividade das atividades operacionais de uma empresa. É calculado como ganhos antes dos juros e dos impostos (EBIT) divididos pelas vendas líquidas.

MODELO DE NEGÓCIOS. Uma descrição conceitual das fontes de receita, dos impulsionadores de custo, porte do investimento e fatores de sucesso de uma empresa e como funcionam juntos.

OPORTUNIDADES. Na análise SWOT, as tendências, as forças, os eventos e as idéias de que uma empresa ou unidade pode tirar proveito.

PASSOS DE AÇÃO. O "quem", "o que" e "quando" envolvidos na realização de uma iniciativa estratégica e das metas atribuídas. A soma destes passos de ação deve completar o trabalho.

PLANO DE AÇÃO. Um documento que aborda os objetivos estratégicos e os passos necessários para realizá-los.

PLANO DE CONTINGÊNCIA. Um curso de ação preparado antes de um problema em potencial; ele responde à pergunta, "Se X acontecer, como podemos reagir de forma que neutralize ou minimize os danos?"

PONTOS FORTES. Em uma análise SWOT, as capacidades que permitem que uma empresa ou unidade tenha um bom desempenho — capacidades que precisam ser alavancadas.

PONTOS FRACOS. Em uma análise SWOT, as características que impedem que uma empresa ou unidade tenha um bom desempenho e precisam ser abordadas.

REENGENHARIA DE PROCESSO. Um conceito de melhoria que almeja a grande mudança inovadora — seja pela mudança total, seja pela eliminação de processos existentes.

RETORNO SOBRE O PATRIMÔNIO (ROE). Relaciona a renda líquida com a quantia investida pelos acionistas (inicialmente e por meio de ganhos retidos). É uma medida da produtividade do investimento dos acionistas na empresa e é a razão entre a renda líquida e o patrimônio dos acionistas.

RETORNO SOBRE OS ATIVOS (ROA). Relaciona a renda líquida à base de ativos total da empresa e é a razão entre a renda líquida e os ativos totais.

SEGMENTAÇÃO DO MERCADO. Uma técnica de dividir um grande mercado heterogêneo de clientes em segmentos menores com características homogêneas.

SKUNK WORKS. Uma equipe de pessoas reunidas em um lugar para gerar uma solução inovadora ou resolver um determinado problema. Em alguns casos, os *skunk works* ficam em lugares remotos para manter os membros da equipe concentrados em sua missão, para minimizar a interferência do resto da organização, ou para manter sigilo.

SUBSTITUTO. Qualquer bem ou serviço que pode cumprir o papel de outro. Dois bens são considerados substitutos se um aumento no preço de um resulta em compras mais volumosas do outro.

TAXA DE ATRATIVIDADE. A taxa mínima de retorno esperado de novos projetos que exigem investimentos substanciais de capital. Em geral é calculada como o custo de capital da empresa mais uma expectativa de lucro.

USUÁRIOS DE VANGUARDA. Empresas e indivíduos cujas necessidades estão muito à frente dos usuários típicos.

VANTAGEM COMPETITIVA. Uma função da estratégia que coloca uma empresa em uma posição melhor do que os rivais para criar valor econômico para os clientes.

Leituras recomendadas

Artigos

CHRISTENSEN, Clayton. "Making Strategy: Learning by Doing." *Harvard Business Review*, novembro-dezembro de 1997. As empresas acham difícil mudar de estratégia por muitos motivos, mas um se destaca: o pensamento estratégico não é uma competência gerencial essencial na maioria das empresas. Os gerentes são incapazes de desenvolver um pensamento estratégico porque eles raramente o exercitam. O professor da Harvard Business School, Clayton Christensen ajuda os gerentes a desenvolver uma estratégia criativa e uma proficiência na tomada de decisão estratégica. Este artigo apresenta um método em três fases que os executivos podem usar para conceber e implementar uma estratégia coerente e criativa. O processo força os gerentes a análises mais profundas para entender as forças que afetam sua empresa. Esse método é uma ferramenta útil para os gerentes, porque os ajuda a relacionar o pensamento estratégico com o planejamento operacional — duas atividades que em geral são separadas mas são mais eficazes quando conectadas.

COLLIS, David J. e Cynthia A. Montgomery. "Competing on Resources." *Harvard Business Review*, julho-agosto de 1995. Como você cria e sustenta uma estratégia lucrativa? Muitas das abordagens à estratégia defendidas no passado focalizavam a atenção dos gerentes para dentro, instando-os a criar um conjunto único de recursos e capacidades. Na prática, porém, noções como competência essencial também têm se tornado um exercício de "bem-estar" que nunca falha. Estes autores explicam como os recursos de uma empresa impelem seu desempenho em um ambiente competitivo dinâmico, e eles propõem um novo contexto que impele o pensamento estratégico de duas maneiras: (1) pelo estabelecimento de um conjunto pragmático e rigoroso de testes de mercado para determinar se os recursos de uma empresa são valiosos o bastante para servir como base para a estratégia, e (2) pela integração desta visão de mercado de capacidades com *insights* anteriores sobre concorrência e estrutura do setor.

COLLIS, David J. e Cynthia A. Montgomery. "Creating Corporate Advantage." *Harvard Business Review,* maio-junho de 1998. O que diferencia as estratégias corporativas verdadeiramente grandes das meramente adequadas? Como os executivos no nível corporativo podem criar vantagem tangível para sua empresa que transforme o todo em algo além da soma das partes? O artigo apresenta um contexto abrangente para a criação de valor em empresas multinegócios. Aborda as questões mais fundamentais da estratégia corporativa: que negócios deve ter uma empresa? Como deve coordenar as atividades nesses negócios? Que papel deve desempenhar a sede corporativa? Como a empresa deve medir e controlar o desempenho?

EISENHARDT, Kathleen, e Donald Sull. "Strategy as Simple Rules." *Harvard Business Review,* janeiro de 2001. O sucesso da Yahoo!, eBay e outras empresas que se tornaram aptas a mudanças para atender às demandas de mercados cambiantes não pode ser explicado pelo uso de pensamento tradicional sobre a estratégia competitiva. Essas empresas obtiveram o sucesso procurando constantemente evoluir estratégias em espaços de mercado que não eram considerados atraentes de acordo com as medidas tradicionais. Neste artigo — o terceiro de uma série HBR de Eisenhardt e Sull sobre estratégia na nova economia — os autores perguntam: "Quais são as fontes de vantagem competitiva nos mercados de alta velocidade?" O segredo, dizem eles, é a estratégia como regras simples. As empresas sabem que as maiores oportunidades para a vantagem competitiva estão na confusão do mercado, mas elas reconhecem a necessidade de processos estratégicos cruciais e algumas regras simples. De acordo com a estratégia tradicional, a vantagem vem de explorar recursos ou posições estáveis no mercado. Na estratégia como regras simples, a vantagem está em conseguir aproveitar oportunidades fugazes. Os processos essenciais de estratégia, como inovação de produto, parceria ou criação de *spinout*, colocam uma empresa onde o fluxo de oportunidades é maior. As regras simples então dão as diretrizes com as quais os gerentes podem buscar estas oportunidades. As regras simples, que crescem com a experiência, recaem em cinco categorias: regras do como, condições de limites, regras de prioridade, regras de *timing* e regras de saída. As empresas com estratégias de regras simples devem seguir as regras religiosamente e evitar a tentação de mudá-las com demasiada freqüência. Uma estratégia coerente ajuda os gerentes a classificar as oportunidades e ganhar vantagem de curto prazo explorando aquelas que são atraentes.

GADIESH, Orit, e James I. Gilbert. "Transforming Corner-Office Strategy into Frontline Action." *Harvard Business Review,* maio de 2001. Além de um plano estratégico e reuniões com toda a empresa, as organizações usam outros canais para comunicar suas estratégias a gerentes e funcionários. Um destes canais é chamado de princípio estratégico — uma expressão memorável orientada para a ação que destila a estratégia da empresa. Aqui estão alguns exemplos: "Atender às necessidades de viagens curtas de clientes a tarifas competitivas com o custo de uma viagem de automóvel" da Southwest Airlines; "Primeiro a conectividade do consumidor — a qualquer hora, em qualquer lugar" da AOL; "Foco nas comunidades de negociantes", da eBay. Um bom princípio estratégico estimula gerentes e funcionários a se concentrar na estratégia corporativa e assumir riscos na identificação de formas de apoiar esta estratégia. Ao comunicar o princípio estratégico de sua empresa com freqüência e coerência, você logo terá pessoas em toda a sua organização — além de clientes e concorrentes — "entoando a ladainha".

KAPLAN, Robert S., e David P. Norton. "Using the Balanced Scorecard as a Strategic Management System." *Harvard Business Review,* janeiro-fevereiro de 1996. O *Balanced Scorecard* atraiu muita atenção como uma poderosa ferramenta para esclarecer e comunicar a estratégia em toda uma organização, bem como para medir o desempenho da implementação da estratégia. Neste artigo, os autores explicam como o *Balanced Scorecard* relaciona as atividades de curto prazo da empresa com os objetivos de longo prazo por meio de quatro processos: (1) *traduzir a visão,* obrigando os gerentes a entrar em acordo com relação à métrica de que vão precisar para operacionalizar sua visão; (2) *comunicar e relacionar* a estratégia "descendo" o *scorecard* pelas unidades e depois até os indivíduos; em cada nível, as pessoas identificam objetivos e métricas necessários para dar apoio ao *scorecard* de nível corporativo; (3) *ligar planejamento estratégico e orçamento,* garantindo que os orçamentos financeiros dêem apoio às metas estratégicas; e (4) *estimular o feedback e o aprendizado,* capacitando os gerentes a refletir sobre as inferências sugeridas por seus resultados de *scorecard* e ajustar suas teorias sobre relações de causa e efeito.

PORTER, Michael E. "How Competitive Forces Shape Strategy." *Harvard Business Review,* março-abril de 1979. Este artigo premiado e muito influente afirma que muitos fatores determinam a natureza da competição, inclusive não só os rivais, mas também a economia de determinados setores, empresas iniciantes, o poder de barganha de clientes e fornecedores e a ameaça de serviços ou produtos substitutos. Um plano de ação estratégico baseado neste modelo pode incluir: posicionamento da empresa de modo que suas capacidades dêem a melhor defesa contra as forças competitivas; influenciar o equilíbrio destas forças por meio de movimentos estratégicos; e prever mudanças nos fatores subjacentes às forças competitivas.

PORTER, Michael E. "Strategy and the Internet." *Harvard Business Review*, março de 2001. Muitos dos pioneiros dos negócios pela Internet, tanto empresas ponto-com como as já estabelecidas, competiram de modo a violar quase todos os preceitos da boa estratégia. Em vez de focalizar nos lucros, eles procuraram clientes indiscriminadamente por meio de descontos, incentivos de canal e publicidade. Em vez de se concentrar em fornecer valor que possa ser bem pago por clientes, elas procuraram por receitas indiretas como publicidade e taxas de checagem. Em vez de fazer *trade-offs*, elas se apressaram a oferecer cada produto ou serviço concebível. Não precisa ser assim — e não precisa ser assim no futuro. Quando se trata de reforçar uma estratégia distinta, afirma Porter, a Internet proporciona uma plataforma tecnológica melhor do que as gerações anteriores de TI. Conquistar vantagem competitiva não requer uma abordagem radicalmente nova aos negócios; requer que se baseie em princípios comprovados de estratégia eficaz. Porter também afirma que, ao contrário do que se pensa recentemente, a Internet não é disruptiva para a maioria das empresas existentes e estabelecidas. Raramente ela anula fontes importantes de vantagem competitiva em um setor; em geral ela as torna ainda mais valiosas. E à medida que todas as empresas adotarem a tecnologia da Internet, a própria Internet será neutralizada como fonte de vantagem. Vantagens competitivas robustas surgirão em vez dos pontos fortes tradicionais como produtos únicos, conteúdo proprietário e atividades físicas distintas. A tecnologia da Internet pode ser capaz de fortalecer estas vantagens, mas é improvável que vá suplantá-las.

PORTER, Michael E. "What Is Strategy?" *Harvard Business Review*, novembro-dezembro de 1996. Este artigo clássico da HBR começa com a premissa de que os mercados dinâmicos e as tecnologias de hoje colocaram em questão a sustentabilidade da vantagem competitiva. Sob pressão para melhorar a produtividade, a qualidade e a velocidade, os gerentes adotaram ferramentas como CQT, *benchmarking* e reengenharia. Como Porter descreve, o resultado foram melhorias operacionais drásticas, mas raras vezes esses ganhos foram traduzidos em lucratividade sustentável. E, aos poucos, as ferramentas tomaram o lugar da estratégia. À medida que pressionam para melhorar em todas as frentes, os gerentes se afastam cada vez mais de posições competitivas viáveis. Porter afirma que a eficácia operacional, embora necessária para melhor desempenho, não é suficiente, porque suas técnicas são fáceis de imitar. Já a essência da estratégia é escolher uma posição única e valiosa baseada em sistemas de atividades que são muito mais difíceis de acompanhar.

RAFFONI, Melissa. "Three Keys to Effective Execution." *Harvard Business Review*, fevereiro de 2003. A execução tem pouco respeito intelectual. Já o planejamento estratégico tem toda a atenção do mundo. Por quê? Porque emprega a criatividade, o mais valorizado dos empenhos intelectuais. Mas o chefe de unidade experiente sabe que a estratégia mais criativa e visionária será inútil se não for traduzida para ação. Pense em simplicidade, clareza, foco — e analise seu progresso incansavelmente. A execução é o que separa as empresas que prosperam em tempos difíceis daquelas que soçobram. Inclui o anexo "Books on Execution".

VAN ZWIETEN, John. "How Not to Waste Your Investment in Strategy." *Training & Development*, junho de 1999. Talvez você tenha vivido isto em sua empresa: a organização cria um ótimo plano para o futuro, mas tem resultados indesejados quando o plano é colocado em ação. Os gerentes agora carecem da confiança para realizar um novo plano. A boa estratégia aparentemente foi derrotada por uma gestão ruim da mudança. Nesse artigo, Van Zwieten explora seis dilemas comuns que o executivo e os gerentes de nível inferior enfrentam quando tentam mudar a direção estratégica. Ele depois dá um diagnóstico para cada dilema e propõe lições. Por exemplo, um dilema é vivenciado por setores que estão trabalhando em propósitos comuns. Essas empresas, explica o autor, provavelmente estimulam a competição entre os setores. A solução? Uma visão abrangente de como os setores podem cooperar, inclusive um plano para "mostrar a cara" aos clientes. O artigo, ao final, identifica as características das organizações mais bem-sucedidas. Essas incluem: um propósito bem definido que os funcionários entendem, uma explicação clara de como a mudança proposta dá apoio ao propósito, valores compartilhados que norteiam o modo como os negócios são praticados, e uma meta "grande, cabeluda e audaciosa" (de acordo com a definição de James Collins e Jerry Porras).

Livros

AAKER, David A. *Developing Business Strategies*, 6ª ed. Nova York: Johr Wiley & Sons, Inc., 2001. Um livro didático com senso prático que pretende dar aos gerentes um contexto para identificar e selecionar estratégias adequadas. Ele proporciona uma discussão bem completa de análise estratégica — isto é, análise do mercado, clientes e concorrentes. Em seguida passa às várias categorias de alternativas estratégicas, inclusive a global.

ANDREWS, Kenneth, R. *The Concept of Corporate Strategy.* Edição revista. Homewood, IL: Richard D. Irwin, Inc., 1980. Publicado originalmente em 1971, esse foi o livro que gerou toda essa discussão. Andrews definiu estratégia em termos do que uma empresa pode fazer — isto é, em termos de seus pontos fortes e fracos — e que possibilidades estão abertas a ela — isto é, o ambiente externo de ameaças e oportunidades. *The Concept of Corporate Strategy* ainda é um dos clássicos da literatura moderna de administração de empresas.

BARNEY, Jay. *Gaining and Sustaining Competitive Advantage,* 2ª edição. Upper Saddle River, NJ: Prentice Hall, 2001. Uma análise completa do tema sob a forma de livro universitário. Barney apresenta as estratégias essenciais e como podem ser usadas de uma forma complementar.

BOSSIDY, Larry, e Ram Charan. *Execution: The Discipline of Getting Things Done.* Nova York: Crown Business, 2002. Estes autores, um CEO aposentado e um consultor de empresas, escrevem que "A execução é *a* grande questão esquecida no mundo dos negócios de hoje. Sua ausência é o maior obstáculo isolado para o sucesso e a causa da maioria das decepções que erroneamente são atribuídas a outros fatores." Uma ótima estratégia não é suficiente para o sucesso; ela também deve ser executada com habilidade. Este livro dá receitas para a execução da estratégia.

DAY, George, e David J. Reibstein. *Wharton on Dynamic Competitive Strategy.* Nova York: John Wiley & Sons, Inc., 1997. Para o estrategista, o ambiente externo em transformação representa um sério desafio. Esse livro almeja ajudar os leitores a enfrentar esse desafio, oferecendo uma visão dinâmica e interativa das estratégias competitivas. Elas são apresentadas em capítulos escritos por vários professores de administração da Wharton School.

FOGG, C. Davis. *Implementing Your Strategic Plan: How to Turn Intent into Effective Action for Sustainable Change.* AMACOM, 1999. Esse livro revela os passos necessários para entender a estratégia e o plano estratégico de sua empresa, desenvolver um plano de unidade e implementá-lo. Fogg se concentra no planejamento estratégico em um ambiente de equipe, explorando seus aspectos essenciais: (1) estrutura e customização — projetando o processo de planejamento para atender às necessidades de sua organização, (2) facilitação — fazendo as coisas acontecerem, de administrar reuniões e documentar as decisões, (3) trabalho em equipe — formar equipes e resolver conflitos, (4) liderança — forjar a visão e preparar o plano operacional, (5) envolvimento organizacional — obter compromisso em todos os níveis, e (6) reunir informação e analisar — *benchmarking*, análise competitiva e outras técnicas valiosas.

Os exemplos de empresas reais ilustram cada passo do processo, e estudos de caso revelam o que deu certo e o que não funcionou. O livro também inclui ferramentas para dominar o processo de planejamento estratégico.

KIEFFER, David, HAIG NALBANTIAN, Rick Guzzo e Jay Doherty. *Playing to Your Strenghts.* Nova York: McGraw Hill Publishing Company, 2003. Poucos executivos reservam tempo para examinar o alinhamento entre suas estratégias de negócios e as práticas e políticas pessoais. Esses autores explicam como a falta de alinhamento pode colocar em risco o sucesso até mesmo da melhor das estratégias. Sua pesquisa descreve várias empresas cujas práticas de promoção, retenção e recompensa inadvertidamente estimularam comportamentos nos funcionários que foram contrários às intenções estratégicas. Em um caso, a política de uma fabricante americana de formar habilidades gerais de gerenciamento, por meio de atribuições freqüentes de tarefas de curto prazo estava solapando suas metas superiores de qualidade de produto e de lançar novos modelos no mercado rapidamente. A análise indicou que os gerentes que aceitavam as atribuições de curto prazo eram recompensados com promoções e remuneração mais alta, mas não conseguiam formar as habilidades técnicas necessárias para tocar a estratégia de nível superior da empresa.

MARKIDES, CONSTANTINOS C. *All the Right Moves: A Guide to Crafting Breakthrough Strategy.* Boston: Harvard Business School Press, 2000. Markides explora as principais questões que as empresas devem responder para definir uma estratégia: "Quem devemos almejar como clientes? Que produtos ou serviços devemos oferecer a eles? Como devemos fazer isto com eficiência? Como podemos nos diferençar dos rivais para conquistar uma posição competitiva?" Mas até as melhores estratégias têm vida limitada. As empresas devem criar continuamente novas posições estratégicas — em geral quebrando as regras do jogo. *All The Right Moves* revela como o pensamento criativo — e o exame de questões sob várias perspectivas diferentes e por meio de novas idéias — leva à inovação estratégica. A formulação de estratégia também requer que as empresas tomem decisões difíceis. Esse livro oferece conselhos concretos para pensar sobre essas — de forma sistemática e com sucesso.

PASCALE, Richard T., e Anthony G. Athos. *The Art of Japanese Management.* Nova York: Simon & Schuster, 1981. Embora atualmente esteja esgotado, este clássico da década de 1980 ainda está disponível na Web e fala da importância da excelência na implementação. Os autores dão uma boa olhada em duas corporações — uma americana e outra japonesa — e explicam por que a empresa japonesa tornou-se muito mais produtiva.

PASCALE, Richard T. *Managing on the Edge: Companies That Use Conflict to Stay Ahead.* Nova York: Simon & Schuster, 1990. Pascale, um acadêmico e consultor, está preocupado com a renovação corporativa. Ele recomenda que os executivos cumpram quatro princípios internos para manter as empresas no topo do jogo. Eles são: ajustar, dividir, lutar e transcender. *Ajustar* descreve a coerência interna da corporação; *dividir* refere-se à sensatez de reduzir as grandes organizações a unidades menores e mais administráveis; *lutar* refere-se às contradições organizacionais inevitáveis que devem ser administradas. Os leitores também devem *transcender* a complexidade que afeta cada empresa.

PORTER, Michael E. *Competitie Strategy*. Nova York: Free Press, 1980. Este é o avô de todos os livros de estratégia e influenciou mais executivos de empresa do que qualquer outro. Ao explicar como analisar a situação competitiva em um setor, o autor apreende a complexidade da competição setorial em cinco forças subjacentes. Ele também explica três estratégias genéricas — baixo custo, diferenciação e foco — e demonstra como estas podem ajudar a empresa com o posicionamento estratégico, e como estão ligadas à lucratividade. Os leitores acharão muito úteis suas sugestões sobre o tratamento de empresas rivais. Ele fornece um contexto prático para prever como os concorrentes reagirão aos movimentos estratégicos de uma empresa. O livro contém dois apêndices: Técnicas de Portfólio na Análise do Concorrente e Como realizar uma Análise do Setor.

YOFFIE, David, e Mary Kwak. *Judo Strategy*. Boston: Harvard Business School Press, 2001. Estes autores revelam como uma estratégia secular pode permitir que empresas menores enfrentem e derrotem rivais infinitamente maiores. No cerne da estratégia do judô está a premissa de que o porte e a força bruta não são páreo para o equilíbrio, a habilidade e a flexibilidade. Usando exemplos de empresas como a Wal-Mart, a PalmPilot, a CNET e outras, os autores explicam como traduzir os três princípios-chave do judô em uma estratégia de negócios vencedora: use o movimento para desequilibrar o oponente; mantenha seu equilíbrio enquanto reage aos ataques; e explore a alavancagem para aumentar sua força. Ferramentas muito práticas ajudam os gerentes a desenvolver suas próprias estratégias de judô, inclusive a identificar as vulnerabilidades do concorrente, delimitar terreno desocupado e reconquistar terreno depois de reveses. Um manual do guerreiro para entender como a estratégia e a defesa do judô podem fortalecer sua empresa, um livro poderoso para os Davis e Golias que querem competir e vencer nos novos campos de batalha dos negócios.

Sobre o consultor

Há 18 anos, DAVID J. COLLIS é professor na Harvard Business School, na qual ensina programas de educação executiva, na Faculdade de Administração de Yale e na Faculdade de Administração de Columbia. Atualmente é conferencista sênior da turma de 1958 do grupo de estratégia da Harvard Business School, tendo anteriormente atuado por cinco anos como professor-adjunto da cadeira Frederick Frank de Administração de Negócios Internacionais na Faculdade de Administração de Yale. Também é especialista em estratégia corporativa e competição global e autor dos livros *Corporate Strategy* (com Cynthia Montgomery) e *Corporate Headquarters* (com Michael Goold e David Young). Seu trabalho tem sido publicado com freqüência na *Harvard Business Review*, em *Academy of Management Journal*, *Strategic Management Journal* e *European Management Journal*; e em muitos livros, como *Managing the Multibusiness Company*, *International Competitiveness* e *Beyond Free Trade*. Os mais de cinqüenta trabalhos de que foi autor venderam mais de 400 mil exemplares em todo o mundo.

O Sr. Collis recebeu um MA (1976) da Universidade de Cambridge, onde foi pesquisador Wrenbury. Formou-se como pesquisador Baker na Harvard Business School, MBA (1978) e recebeu o phD (1986) em economia de negócios na Universidade de Harvard, onde foi Dean's Doctoral Fellow. De 1978 a 1982, trabalhou para o Boston Consulting Group em Londres. Atualmente é consultor de várias corporações americanas, no conselho da Hult International Business School, e nos conselhos consultores de WebCT, Vivaldi Partners, Folderwave e, anteriormente, da Ocean Spray. Também é co-fundador da empresa de *e-learning* E-Edge e da empresa de consultoria Ludlow Partners.

Índice remissivo

Este livro foi composto na tipologia Minion, em
corpo 11/16, e impresso em papel off-set 63g/m²
no Sistema Cameron da Divisão Gráfica
da Distribuidora Record.